Angela Rinn

Kurz und gut predigen

Vandenhoeck & Ruprecht

Für Hanns-Ulrich Becker

Bibliografische Information der Deutschen Nationalbibliothek:
Die Deutsche Nationalbibliothek verzeichnet diese Publikation in der
Deutschen Nationalbibliografie; detaillierte bibliografische Daten sind
im Internet über https://dnb.de abrufbar.

© 2020, Vandenhoeck & Ruprecht GmbH & Co. KG,
Theaterstraße 13, D-37073 Göttingen
Alle Rechte vorbehalten. Das Werk und seine Teile sind urheberrechtlich
geschützt. Jede Verwertung in anderen als den gesetzlich zugelassenen Fällen
bedarf der vorherigen schriftlichen Einwilligung des Verlages.

Umschlagabbildung: © stockpics – Adobe Stock
Icon: »Warning Sign« designed by Freepik from Flaticon

Satz: SchwabScantechnik, Göttingen
Druck und Bindung: ⊕ Hubert & Co. BuchPartner, Göttingen

Vandenhoeck & Ruprecht Verlage | www.vandenhoeck-ruprecht-verlage.com

ISBN 978-3-525-70282-6

Inhalt

Wie der Funke überspringt 7

1 Rückblick, Problemanzeige und Perspektiven 8

2 Literaturwissenschaftliche Anregungen 11
   Der Traktat 12
   Der Essay 16
   Acht Thesen 31

3 Neurowissenschaftliche Anregungen 34
   Menschen belohnen sich selbst – Dopamin 42
   Der Mensch – ein soziales Wesen 51
   Mitgefühl 60
   Kontext 66
   Kommunikation durch Symbole 72
   Emotion und Lernen 75
   Zusammenfassung 81

4 Anregungen aus der Bibel – Gleichnisse 86
   Die Gleichnisse vom Schatz im Acker und von der Perle –
   Matthäus 13,44–45 87
   Das Gleichnis von der selbstwachsenden Saat –
   Markus 4,26–29 91
   Das Gleichnis vom barmherzigen Samariter –
   Lukas 10,25–37 96
   Das Gleichnis vom verlorenen Sohn – Lukas 15,11–32 .. 102
   Homiletische Konsequenzen 106

5 Die Homiletik der Kurzen Form 124
   Zwei Beispiele aus der Praxis 127

6 Das Konzept – die »Predigende Existenz« 132

Literatur 136

Personenregister 146

Wie der Funke überspringt

Zündende Ideen für eine flammende Predigt – das wünschen sich viele Predigende[1]. Doch häufig will der Funke einfach nicht überspringen – trotzdem die Zahl der Ratgeber und Tipps zum besseren Predigen groß ist.

Dieses Buch will keine Neuauflage alter und bekannter Hinweise zum besseren Predigen sein. Es könnte so gelesen werden – dann wäre es missverstanden. Dieses Buch leitet zu einer neuen *Haltung* des Predigens ein: Ich nenne sie die »Predigende Existenz«. Es ist eine Haltung, die unmittelbare Auswirkungen auf die Predigt hat, weil sie die Predigenden verändert. Das spüren die Hörenden, und das macht sie neugierig oder fasziniert sie sogar. Allerdings: Eine »Predigende Existenz« kann man sich nicht als Attitude zulegen. Man muss schon wagen, sie zu leben. Nur so kann sie wirken.

Wissenschaftliche Erkenntnisse aus den Neurowissenschaften und der Literaturwissenschaft untermauern die Thesen dieses Buches.

---

1 Aufgrund besserer Lesbarkeit wird im Wechsel die neutrale, männliche oder weibliche Sprachform verwendet.

1 Rückblick, Problemanzeige und Perspektiven

Nach 25 Jahren als Gemeindepfarrerin und über 20 Jahren als Autorin in der Rundfunkarbeit, als Kolumnistin – u. a. für »Christ & Welt in DIE ZEIT« und als Onlinekolumnistin für »zeitzeichen«– hatte ich zwar Hunderte kurzer Texte und Predigten geschrieben und gesprochen, aber keine Theorie der Kurzen Form entwickelt. Es gab auf Fortbildungen viele praktische Hinweise und Ratschläge, es gab theologische Impulse, aber kein homiletisches Konzept. In keinem homiletischen Lehrbuch waren Hinweise darauf zu finden, wie die Kurze Form konzeptionell gemeistert werden könnte.

Warum bekam ich auf manche Predigten, Rundfunkandachten oder Kolumnen begeisterte Rückmeldungen, warum blieben andere ohne Resonanz? Was machte einen guten Beitrag aus?

Ich habe mich auf Spurensuche begeben. Über die üblichen praktischen Tipps hinaus sollte ein Weg zu einem homiletischen Konzept der Kurzen Form eröffnet werden. Der Bedarf der Praxis machte es drängend: Die Kurze Form der Predigt erforderte eine gründliche Untersuchung!

Was ist eine Kurze Form? Hier gibt es unterschiedliche Definitionen. Eine Kurzgeschichte kann 20 Druckseiten umfassen, Verkündigungssendungen dauern manchmal nur 60 Sekunden. Ich entschied mich, mich mit kurzen Formen zu beschäftigen, die gesprochen nicht länger als fünf Minuten dauern und geschrieben knapp zwei DIN-A4-Seiten umfassen. Dies entspricht etwa dem Zeitfenster, in dem das menschliche Kurzzeitgedächtnis neue Informationen speichern kann.

Da in der homiletischen Diskussion keine Konzeption zur Kurzen Form der Predigt zu finden war, begann ich eine interdisziplinäre Auseinandersetzung. In der Bearbeitung der oben gestellten Fragen bestätigte sich die Vermutung, dass Neurowissenschaften und Literaturwissenschaften hier neue und andere Perspektiven eröffnen.

Ich richtete mein Augenmerk auf Neurowissenschaften, Literaturwissenschaften und: die Bibel! Denn in der Bibel finden sich mit den Gleichnissen Jesu die besten Vorbilder für die Kurze Form. Jesus und seine Evangelisten waren Meister der Kurzen Form!

Neuland war die Auseinandersetzung im Bereich der Neurowissenschaften. Zwar gibt es eine Fülle von Überlegungen zum Thema »Gott und Gehirn«, aber Rezeptionen der Neurowissenschaften für den Bereich der Kurzen Form der Predigt gab es nicht. Neurowissenschaften helfen uns zu begreifen, wie Wahrnehmung funktioniert, was Menschen bewegt und was sie antreibt. Das sind wichtige Anregungen, die dazu beitragen, dass Predigende sich selbst und andere besser verstehen können. Was sagen Neurowissenschaften über das Kurz- und Langzeitgedächtnis? Welche Informationen stellen sie uns zur Verfügung, die uns erklären, warum Menschen sich begeistern können, was sie abstößt oder anzieht – so sehr, dass sie süchtig danach werden können? Wie hören Menschen und welche Areale im Gehirn werden dabei aktiviert?

Neben psychologischen Forschungstraditionen, die Erkenntnisse über menschliches Lernen, Emotionen, soziales Verhalten und Sinneswahrnehmungen hervorgebracht haben, gewinnt die Perspektive der jungen, interdisziplinären Neurowissenschaft für viele Fragestellungen zu emotionalen und kognitiven Funktionen an Bedeutung. Biologische und nicht-biologische Ansätze bieten aus ihrer jeweiligen Perspektive und Tradition wertvolle Informationen. In Teilaspekten überlappen sich die Perspektiven von Psychologie, Pädagogik und Neurowissenschaften. Wenn ich von der »neurowissenschaftlichen Perspektive« spreche, umfasst das deshalb auch Ergebnisse, die teilweise mit Mitteln der klassischen Psychologie oder Pädagogik erarbeitet worden sind. Dies betrifft etwa die Dauer der Aufmerksamkeitsspanne und die Rolle von Emotionen beim Lernen.

Die Auseinandersetzung mit der Literaturwissenschaft führte zum Essay und zu den Beobachtungen des französischen Philosophen, Schriftstellers und Literaturkritikers Roland Barthes. Eine Schlüsselfunktion hatten die Beobachtungen zur »essayistischen Existenz«, die Voraussetzung für den Essayisten ist, sowie Barthes' Hinweis auf das »*punctum*«, das den Wahrnehmenden besticht und fasziniert.

Im Blick auf die Gleichnisse Jesu stellte sich die Frage, wie Jesus bzw. die Evangelisten ihre Kurze Form aufgebaut haben. Sind Gleichnisse Predigten? Was bedeutet die Analyse von Gleichnissen für die Kurze Form der Predigt? Können neurowissenschaftliche Ergebnisse Lese- bzw. Hörhilfen für Gleichnisse sein? Die Überlegungen zu Gleichnissen führten unter Berücksichtigung der neurowissenschaftlichen Ergebnisse zu homiletischen Konsequenzen.

Letztlich konnte eine Konzeption der Kurzen Form formuliert werden. Allerdings: Die hier vorgelegte Konzeption ist keine Anleitung, die pragmatisch einfach wie ein Kochrezept rezipiert werden könnte. Denn diese Konzeption kann nicht unabhängig vom Habitus der predigenden Person umgesetzt werden. Diese Haltung ist die Konzeption. Diese Haltung, ich definiere sie als »Predigende Existenz«, ist Schlüssel und unabdingbare Voraussetzung, um die Kurze Form der Predigt zu gestalten. Alle weiteren Gestaltungshinweise, etwa zu treffenden Metaphern, überraschenden Sprachspielen, berührenden Gedanken und prophetisch-gesellschaftspolitischen Äußerungen, sind relevant, aber nachgeordnet. Zentral sind die Predigenden. Sie sind ihr eigenes, wichtigstes Instrument, sie sind es, die mit Leib und Seele durchlässig für Welt und Gott werden.

Zugänge!

Die interdisziplinäre Auseinandersetzung zur Kurzen Form der Predigt beginnt mit der Literaturwissenschaft und der Frage, welche Anregungen sich daraus für die Gestaltung der Kurzen Form der Predigt ergeben.

In einem nächsten Schritt komme ich mit den Sprachspielen naturwissenschaftlicher Traditionen ins Gespräch. Können ihre Erkenntnisse mit theologischen Beschreibungen in Beziehung gesetzt werden? Und bieten sie Einsichten, die die Homiletik der Kurzen Form inspirieren?

Anschließend beschäftige ich mich mit Gleichnissen als biblischer Kurzer Form. Beispiele aus der Praxis illustrieren meine Überlegungen.

2 Literaturwissenschaftliche Anregungen

»Die Predigt ist Zeugnis der schriftliterarischen Entwicklung der Volkssprache«[2], die Predigtgeschichte »die Geschichte einer literarischen Gattung«[3]. So erstaunt es, dass die Homiletik an literarischen Textsorten und deren Bedeutung für die Gestaltung der Predigt wenig interessiert ist. Eine Erklärung dafür mag sein, dass häufig die Predigt als gesprochenes, Literatur dagegen als geschriebenes Wort definiert wird.

Der Germanist Volker Mertens bestätigt in einer Untersuchung über mittelhochdeutsche geistliche Prosa jedoch, dass Predigten nicht unbedingt primär mündliche Rede sind. Er unterstreicht die prinzipielle Offenheit der Textgestalt Predigt und arbeitet als Unterscheidungskriterium eine »intentionale virtuelle Mündlichkeit«[4] hervor. Bereits gepredigte Texte werden verschriftlicht oder die Mündlichkeit folgt tatsächlich erst der Schriftlichkeit. In der Praxis ist das sogar die Regel: Prediger konzipieren ihre Predigt schriftlich und tragen dann ihr Manuskript vor. Da jede Predigt, auch eine frei gehaltene, vorher oder im Nachhinein verschriftlicht werden kann, damit selbst zu Literatur wird und auf ihre Sprache und Struktur hin untersucht werden kann, lohnt ein genauerer Blick auf die Beziehung von Predigt und Literatur. Ich nehme zwei kurze Textsorten in den Blick: Den Traktat und den Essay. Mein Schwerpunkt liegt auf dem Essay, der sich als ganz besonders geeignet für die Kurze Form der Predigt erweist.

Es mag überraschen, dass ich mich nicht auf die Kurzgeschichte beziehe. Doch die Kurzgeschichte ist nie so kurz wie die Kurze Form der Predigt, vielmehr umfasst die Kurzgeschichte in der Regel mehrere Druckseiten. Traktate und Essays dagegen können sowohl ausführlich als auch kurz im Umfang der Kurzen Form der Predigt sein.[5]

---

2   Hasebink/Schiewer 2003, 154.
3   Beutel 1994, 46.
4   Mertens 1992, 43.
5   Z. B. Nietzsches Essay Nr. 22 aus »Morgenröthe« (Nietzsche 1920, 29–30).

Gedichte als kurze Textsorte werden zwar in vielen Predigten zitiert, sind jedoch als abgeschlossene poetische Einheiten nicht geeignet, zum Modell für die Kurze Form der Predigt zu werden. Ihre Sprache ist zu poetisch verdichtet, als dass sie von den meisten Hörenden sofort aufgenommen und verstanden werden könnten. Davon unbenommen gilt natürlich, dass Gedichte höchst anregend für Predigten sein können.

Der Traktat

Eine eng zur Predigt gehörende Textsorte ist der Traktat[6]. Der Traktat ist sogar *die* klassische Form einer Predigt. Das Wort *tractatus* meint »Abhandlung« und ist weit gefasst. Ein Traktat ist klar gegliedert, etwa in *exordium, partitio, argumentatio, exemplum* und *conclusio:* Dem Anfang der Rede, der als Frage gestellt werden kann, folgt eine Einteilung des Stoffs, etwa durch eine rationale Erklärung. Anschließend wird die Argumentation entfaltet. Ein Präzedenzfall dient der Beweisführung. Die Folgerung schließt die Rede ab. Der Autor bzw. die Autorin eines Traktates definiert seine bzw. ihre Ziele vor der Verschriftlichung und ordnet sie nach rhetorischen Gesichtspunkten. Ein Traktat sollte klar aufgebaut und verständlich sein. Der Traktat soll einen nachvollziehbaren Gedankengang bieten und Argumente gegeneinander abwägen. Dabei kann der Traktat durchaus polemisch sein. Traktate sind in sich geschlossen und didaktisch klar konzipiert. Der Autor bzw. die Autorin des Traktats tritt als Subjekt hinter den Text zurück.

Eine als Traktat geformte Predigt, die auf einen Diskurs angelegt ist, die sachkritisch verfährt, die Hörer nicht manipulieren will und ihnen zubilligt, auch zu anderen Schlüssen kommen zu können als die Predigerin, ist sinnvoll für alle Predigten, bei denen es darum geht, die Hörer zu informieren und Argumente abzuwägen. Für alle Predigten, die sich mit dogmatischen und ethischen Themen beschäftigen, bietet es sich an, dass sie als Traktat gestaltet werden. Hier geht es ja

---

6   Im Folgenden soll unter dem seit Langem in verschiedenen Disziplinen unterschiedlich gebrauchten Begriff »Traktat« eine auf die Sache bezogene diskursive Auseinandersetzung verstanden werden.

um geordnete Wissensvermittlung. Ebenso kann diese Textsorte für Predigten von Personen in kirchenleitenden Funktionen hilfreich sein, die die Aufgabe haben, die Position der Kirche darzustellen. Kirchenleitende Predigten können jedoch auch als Essay gestaltet werden.

Wolfgang Hubers Predigt im ZDF-Fernsehgottesdienst in der Gethsemanekirche in Berlin vom 4.10.2009 ist als Essay aufgebaut und fasziniert durch lebendige Erzählung und gerade dadurch, dass er keine fertigen Antworten bietet, sondern sich in Erzählung und Erinnerungen an die Seite der Hörenden stellt. Zugleich fällt bei Huber die präzise, schöne Sprache auf, die bis in die Details (die Schönhauser Allee war der Sitz der Stasi-Zentrale) ausgefeilt ist und Assoziationen weckt.

»Roter Backstein, die Tür steht offen. Hier muss es gewesen sein. Der Kirchturm ragt trotzig empor. Das Grün der Bäume ist kräftig und wild, hier in der Stargarder Straße, nahe der Schönhauser Allee. Heimatgefühle mitten im Prenzlauer Berg – so sehr, dass es schon weh tut. Du kommst um die Ecke und stehst plötzlich vor ihr – Gethsemane. Alles ist so vertraut und doch ganz anders ...«[7]

Ein Beispiel für eine sachkritische Kurze Form der Predigt, die sich am Traktat orientiert, bietet Gerd Schmoll:

Gerd Schmoll
Wozu ist das Christentum gut?
SWR 2 – Wort zum Tag
18.10.2010

1 Wozu ist das Christentum gut? Worin besteht der besondere Beitrag des christ-
2 lichen Glaubens zum Leben des einzelnen Menschen und der Gesellschaft?
3 Vielfältig sind die Überzeugungen und Lebensentwürfe der Menschen heute.
4 Unterschiedliche Traditionen aus verschiedenartigen Kulturen haben in unse-
5 rer Gesellschaft Platz. Unbestreitbar ist allerdings, dass die jüdisch-christliche
6 Tradition zusammen mit der Aufklärung das Leben und Zusammenleben
7 der Menschen in unserer Geschichte geprägt hat und bis heute wirksam ist.
8 Was ist der Mensch? Woher nimmt er sein Maß? Was gibt ihm die Kraft, das
9 Leben zu bestehen und die Zukunft zu gestalten? Welche Regeln sollen das

---

7   Wolfgang Huber, Predigt im ZDF-Fernsehgottesdienst in der Gethsemanekirche in Berlin vom 4.10.2009. http://www.ekd.de/glauben/feste/erntedank/predigten/091004_huber_berlin.html. Zugriff 2.5.2019.

10 Zusammenleben bestimmen? Antworten auf diese Fragen fallen nicht vom Him-
11 mel. Sie entstehen in einem langen geschichtlichen Prozess und behalten ihre
12 Bedeutung, selbst wenn ihr Ausgangspunkt aus dem öffentlichen Gedächtnis zu
13 verschwinden droht. So ist das Christentum in den Fragen nach dem Verständ-
14 nis des Menschen, seines Lebens und des Zusammenlebens nicht wegzudenken.
15   Aber wozu ist es gut? Melanchthon, an dessen 450. Todestag wir in die-
16 sem Jahr denken, hat eine Antwort auf diese Frage in ein überraschendes Bild
17 gebracht. Er stellt sich vor, durch die dunkle Nacht zu gehen. Dazu brauchte man
18 damals eine Laterne. Die gleiche dem Gemeinwesen mit den in ihm herrschen-
19 den Überzeugungen und den Regeln für das Zusammenleben. Er meint nun:
20 Die Laterne nütze nichts, wenn in ihr kein Licht brennt. Umgekehrt sei das Licht,
21 um leuchten zu können, auf ein funktionierendes Gehäuse, eben das Gemein-
22 wesen, angewiesen. Das Licht sei die Erkenntnis Gottes und die Lehre von den
23 guten Dingen. Gotteserkenntnis und das Wissen um das Gute lassen es in der
24 dunklen Nacht, im Leben des Menschen und des Zusammenlebens hell werden.
25   Ich verstehe das so: Man kann wissen, was gut ist, was Menschen und ihrem
26 Zusammenleben gut tut. Man kann es auch lernen. Mit Vernunft und gutem Wil-
27 len erkennt man das Gute im persönlichen Leben und im Zusammenleben. Aber
28 warum Gotteserkenntnis? Vernunft und guter Wille reichen offenbar nicht aus, das
29 Gute dann auch zu verwirklichen. Man weiß es von sich selbst, wenn man daran
30 denkt, was man immer wieder falsch macht. Man weiß es, wenn man vor Augen hat,
31 was in unserem Zusammenleben nicht in Ordnung ist. Der christliche Glaube weiß
32 von dem Gott, dem der Mensch Verantwortung schuldet, der aber die, die sich
33 verrennen und dem Guten den Rücken kehren, nicht aufgibt, der sie liebt. Wer so
34 glaubt, gibt sich selbst auch nicht auf und wird immer neu um die Erkenntnis und
35 die Verwirklichung des Guten zu ringen. Vor allem dazu ist das Christentum gut.[8]

Gerd Schmolls Wort zum Tag ist klar als Traktat aufgebaut: Die Frage, die es zu beantworten gilt, wird am Anfang als *exordium* gestellt: »Wozu ist das Christentum gut? Worin besteht der besondere Beitrag des christlichen Glaubens zum Leben des einzelnen Menschen und der Gesellschaft?« (1–2). Nach der *partitio* »Unbestreitbar ist allerdings, dass die jüdisch-christliche Tradition zusammen mit der Aufklärung das Leben und Zusammenleben der Menschen in unserer Geschichte geprägt hat und bis heute wirksam ist.« (5–7) folgt die *Argumentation* (10–33). Als *conclusio* dient der Schlusssatz: »Wer so glaubt, gibt sich selbst nicht auf und wird immer neu um die Erkenntnis und die Verwirklichung des Guten zu (sic!) ringen. Vor allem dazu

---

8   Schmoll 2010 (www.kirche-im-swr.de/?page=manuskripte&sendung=5-
    &archiv&w=2010-10-17. Zugriff 2.5.2019). In sämtlichen Predigtbeispielen
    auftauchende Fehler in Grammatik und Rechtschreibung sind aufgrund
    besserer Lesbarkeit nicht gekennzeichnet.

ist das Christentum gut.« (33–35). Deutlich wird, dass die Autorität von Schmoll für diese Andacht wichtig ist, obwohl er als Person – ganz der Tradition des Traktats entsprechend – hinter dem Text zurücktritt. Dennoch lebt die Predigt davon, dass die Hörenden den Predigenden als glaubwürdig einschätzen. Der sachliche Ton der Predigt trägt zu der Glaubwürdigkeit bei. Schmoll setzt die Hörenden nicht durch emotional-moralische Appelle unter Druck. Hier spricht ein Mann, der als Theologe Bescheid weiß und seine Zuhörenden über wichtige Fakten aufklärt: Das Christentum ist in den Fragen nach dem Verständnis des Menschen, seines Lebens und Zusammenlebens nicht wegzudenken (13–14). Schmoll verweist auf Melanchthon (15–24), der ein überraschendes Bild zum Gemeinwesen und der Erkenntnis Gottes und der Lehre von den guten Dingen bietet. Die zeitliche Einordnung hilft den Hörenden zur Orientierung (15). Im Gegensatz zum essayistischen Ansatz weiß Schmoll genau, worauf er hinauswill und was richtig ist: Mit Vernunft und gutem Willen erkennt man das Gute (26–27). Dies reicht aber offenbar nicht aus, um das Gute auch tatsächlich zu tun (28–29). Es ist der Glaube an einen liebenden Gott (33), dem der Mensch Verantwortung schuldet (32), der Menschen dazu befähigt, unaufhörlich neu um das Gute zu ringen (35). Das Christentum ist notwendig, »gut« (35) für ein unaufhörliches Ringen um die Erkenntnis und Verwirklichung des Guten.

Die Predigt von Gerd Schmoll ist auf einen Diskurs hin angelegt. Schmoll argumentiert nie demagogisch, sodass sein Traktat sachkritisch bleibt. Hörende können sich seinen Argumenten anschließen, weitere Argumente für das Christentum finden oder eine Gegenposition vertreten. So eröffnet die Predigt von Gerd Schmoll die Möglichkeit zur Diskussion.

Schmoll zeigt, dass die Predigt in der Form des Traktats kurz sein kann, weil sie nicht alle Argumente anführen muss. Sie darf sich beschränken.

Schmolls Beitrag ist auch ein gutes Beispiel dafür, dass die Form des Traktats überall dort sinnvoll eingesetzt werden kann, wo Informationen über das Christentum vermittelt werden sollen, die Predigt also eine didaktische Zielsetzung hat. Hörenden, die wissen wollen, welchen Sinn das Christentum heute hat, gibt er Argumente an die Hand, zu denen sie sich positionieren können.

Die Predigt ist insofern überraschend, als sie ein ungewöhnliches Bild aufgreift, das vom Predigenden selbst als überraschend bezeichnet wird (16). Die Überraschung ist für die Gestaltung der Kurzen Form der Predigt wichtig. Die Überraschung erzeugt bei den Hörenden Spannung. Überraschung ist die Unterbrechung des Gewohnten. Durch die Unterbrechung des Gewohnten werden die Hörenden zu eigenen Gedankenspielen angeregt. Die Kurze Form unterstreicht das einzelne Überraschungsmoment und verstärkt dadurch den Impuls.

Insgesamt ist festzuhalten, dass der Traktat stets auf der Autorität der Autorin bzw. des Autors gründet. Predigten in Traktatform haben *immer* ein Gefälle von den Sprechenden zu den Hörenden und agieren insofern nie ganz auf Augenhöhe – selbst wenn sie auf einen Diskurs hin angelegt sind. Es ist sicher kein Zufall, dass Predigten extremistischer Religionsvertreter in der Regel als Traktat gestaltet sind.

Das entscheidende Argument, den Fokus im Blick auf die Kurze Form der Predigt auf eine andere Textsorte, nämlich den Essay, zu legen, ist für mich die geschlossene Form des Traktats. Die Kurze Form kann ein Thema nie erschöpfend behandeln. Dies suggeriert jedoch die geschlossene Form »Traktat«. Der Essay, der als literarische Form immer offen ist, entspricht dagegen der fragmentarischen Art der Kurzen Form der Predigt. Und das wiederum entspricht unserem menschlichen Leben, welches – so hat es der Praktische Theologe Henning Luther treffend auf den Punkt gebracht – immer fragmentarisch ist.

Der Essay

Michel de Montaigne und – unabhängig von ihm – Lord Bacon entwickeln im 16. Jahrhundert eine neue literarische Textsorte: den Essay.[9] Der Literaturwissenschaftler Christian Schärf bezeichnet Montaigne als den Vorreiter einer literarischen Bewegung, die normative Denkweisen beseitigt[10]. Diese »Kehre«[11] lässt Montaigne auch

---

9 »Es ist kein Zufall, dass die Geburt des Essays bei Montaigne am Anfang dieser Neuzeit steht, in der sich der aus Pluralität und Kontingenz ableitbare Gedanke durchsetzt, dass alles auch anders sein könnte.« (Zima 2012, 26).
10 Schärf 1999, 9–10.
11 So Schärf 1999, 9–10.

nach über 400 Jahren so modern erscheinen. Für Mirko-Alexander Kahre ist der Essay sogar die »glaubwürdige Form der Moderne«[12]. Sarah Bakewell zeigt sehr eindrücklich, wie aktuell Montaigne noch für das 21. Jahrhundert ist.[13]

Die Bezeichnung »Essay« wurde so inflationär gebraucht, dass eine gewisse Beliebigkeit in seiner Verwendung entstand. Die Entscheidung dafür, den Essay trotzdem als beispielhafte literarische Textsorte im Blick auf die Kurze Form der Predigt zu untersuchen, liegt vor allem in der essayistischen Haltung, die erst das Schreiben des Essays ermöglicht. Es ist ein Habitus, der die Beobachtung als Haltung hat und daher die Subjektivität des Autors, seine Persönlichkeit, in den Blick nimmt: Es ist die »essayistische Existenz«.

Die essayistische Existenz ist die Haltung der Beobachtung und Wahrnehmung. Wahrnehmen gehört konstitutiv zum Essay und zum Essayismus. Für Montaigne war das Schreiben der Weg, sich selbst zu begegnen: seinen Schwächen, seinem Begehren, seiner Freude. Der Essay bedeutet die direkte Konfrontation des Subjekts mit dem Schreiben. Während der rhetorisch geschulte Schreiber eines Traktats vorher weiß, was er sagen will, sein Ziel kennt und dann schreibt, entsteht der Essay im Prozess des Schreibens. Der Essay ist eine Form der Selbst- und Welterkenntnis, zugleich eine Expedition ins Ungewisse.

Christian Schärf hat eine umfassende Untersuchung zur Geschichte des Essays vorgelegt.[14] Sorgfältig zeigt er nicht nur die Entwicklung des Essays von Montaigne und Bacon auf, sondern analysiert auch die Haltung, den Essayismus, der diese Literaturform hervorbringt. Von Anfang an stand der Essay durchaus in Spannung zur Kirche, doch Schärf weist auch auf die engen Beziehungen zwischen biblischer Botschaft, theologischem Denken und Essay hin. Der amerikanische Essayist Ralph Waldo Emerson etwa entstammt in siebter Generation einer Predigerdynastie und ist selbst eine Zeit lang Prediger gewesen. Der Pfarrerssohn Friedrich Nietzsche bezieht sich auf Emerson und

---

12 So der Titel seiner Dissertation: »Ein in die Zeit gehängtes Netz«. Der Essay als glaubwürdige Form der Moderne. Dissertation, Konstanz 2002.
13 Bakewell 2012.
14 Schärf 1999.

lernt von ihm.[15] In der Analyse des Werks von Walter Benjamin wird die Nähe von Theologie und Essay deutlich,[16] bei Gottfried Benn, wie Nietzsche Pfarrerssohn, liegt sie schon biografisch nahe. Schärf verschweigt nicht, dass der Essay in Belanglosigkeit abgleiten kann, in eine »bildungsselige Unverbindlichkeit«[17]. Auch in der Form des Essays kann man sich nicht ausruhen. Der Essay ist schon immer eine Herausforderung gewesen – für Autoren wie für Leserinnen. Im Blick auf die Predigt kann man übersetzen: Eine gute Predigt ist eine Herausforderung für die Predigerin genauso wie für den Predigthörer.

Ein bedeutender Essayist der zweiten Hälfte des 20. Jahrhunderts ist der französische Philosoph Roland Barthes. In seinem Werk »Fragmente einer Sprache der Liebe«[18] finden sich biblische Bezüge, obwohl Barthes, ehemals Protestant, seinen Glauben verloren hatte. Roland Barthes hat in seinem letzten Werk, einer Arbeit über die Fotografie[19], auf die Bedeutung des von ihm sogenannten *»punctum«* hingewiesen, das ein allgemeines *»studium«* eines Objekts durchbricht. Barthes stellt fest:

»Das [...] Element durchbricht (oder skandiert) das *studium*. Diesmal bin nicht ich es, der es aufsucht (wohingegen ich das Feld des *studium* mit meinem souveränen Bewußtsein ausstatte), sondern das Element selbst schießt wie ein Pfeil aus seinem Zusammenhang hervor, um mich zu durchbohren [...]. Dies [...] möchte ich daher *punctum* nennen; denn *punctum,* das meint auch: Stich, kleines Loch, kleiner Fleck, kleiner Schnitt – und: Wurf der Würfel. Das *punctum* [...] ist jenes Zufällige [...], das mich besticht, mich aber auch verwundet, trifft.« [20]

Die deutsche Sprache illustriert dieses Ereignis: Etwas »sticht« mir ins Auge, ein Gedanke ist »bestechend«, etwas »schärft« meinen Blick. Das geschieht immer von außen, ist ein äußerer Reiz. Roland Barthes schildert genau diesen Prozess der Überraschung, der nicht selbst produziert wird, sondern von außen geschieht. Allerdings ist dieses *punctum* nur scheinbar zufällig, vielmehr das Ergebnis des künstlerischen Blicks

---

15 Vgl. Schärf 1999, 163.
16 Schärf 1999, 258–276.
17 Schärf 1999, 268.
18 Barthes 2012.
19 Barthes 1989.
20 Barthes 1989, 36.

des Fotografen, der den überraschenden, bestechenden Moment erkannt und festgehalten hat und an die Empfängerin weitergibt. Mit seiner Entdeckung des *punctum* hat Roland Barthes der Kurzen Form der Predigt einen zentralen, unverzichtbaren Hinweis geschenkt.

Was Barthes *punctum* nennt, bezeichnet der Praktische Theologe Albrecht Grözinger als »Anmutung«[21] und erzählt von Anmutungserfahrungen, etwa denen von Peter Handke, der über die Kalklinie in einem Kiesel oder die überraschende Biegung einer Bahnschiene staunt. In den Anmutungen treffen sich Objektivität und Subjektivität, Grauen und Schönheit des Lebens. Grözinger setzt eine anmutende Predigt einer argumentierenden Predigt entgegen. Anmutende Predigten können, was argumentierenden nicht gelingt: Bilder vor Augen stellen und einladen, sich auf diese Bilder einzulassen.

Auch Gleichnisse haben ein *punctum*[22]. Dass dies entdeckt wird, ist das didaktische Ziel der Gleichnisse: »Wer ist mein Nächster?« – ausgerechnet ein Samaritaner!

Eine Predigt, die sich am Essay orientiert, kann zeigen, wie Transzendenz ohne falsche Demutshaltung funktioniert und christlicher Glaube die Kunst ist, sich mit dem eigenen Leben, auch der eigenen Sterblichkeit, auseinanderzusetzen. Deshalb kann die essayistische Predigt sogar ethische Themen aufgreifen.

Beispiele für essayistisch geformte Predigten

Wie sieht das nun konkret aus? Ein Beispiel für eine essayistisch aufgebaute Kurze Form der Predigt bietet Harry Waßmann.

Harry Waßmann
Der Stille Ort.
SWR 2 – Wort zum Tag
26.1.2013

1 Wo gehe ich ganz bestimmt allein hin? Wo bleiben Andere gewiss draußen? Das
2 ist das Badezimmer und die Toilette. Da bin ich am Morgen für mich: ausführ-

---

21 Grözinger 2004, 231–244.
22 Manchmal auch mehrere. Vgl. meine Überlegungen zu den Anregungen der Neurowissenschaften und zu Gleichnissen als biblische Kurze Form der Predigt in Kapitel 3 und 4.

3 lich Zähne putzen, sich Waschen oder Duschen, Hände, Füße und Gesicht pfle-
4 gen. Im Spiegel ein Blick ins Gesicht. Alles das tue ich für mich, an mir – ehe
5 der Tag so richtig losgeht.
6 　Mag sein, das scheint banal. Ich finde, das ist von großer Bedeutung.
7 　Und offenbar geht es nicht nur mir so.
8 　Peter Handkes jüngst erschienene autobiographische Erzählcollage »Versuch
9 über den Stillen Ort« weckt Erinnerungen in mir. Wenn Handke von seiner Jugend
10 erzählt, wie der stille Ort ihm ein Ort der Zuflucht war, im Internat vor der Scham
11 vor Mitschülern oder auf der Bahnhofstoilette aus Angst vor der Nacht. Dann
12 spüre ich, was für eine große Bedeutung dieser stille Ort auch in meinem Leben hat.
13 　Am Ende bezeichnet Handke den stillen Ort emphatisch als einen Ort »zur
14 Wiederkehr der Sprache und des Sprechens« (107). Er schreibt: »Die Sprach- und
15 Wörterquelle springt frisch auf … Tür zu, den Riegel senkrecht oder waagerecht
16 gestellt, und schon hebt es zu Reden an im Verstockten …, im Psalmenton, mit
17 Feuerzungen, in Ausrufen, mehreren hintereinander, in einer ganz anderen, einer
18 unerhörten Erleichterung …« (108)
19 　Das hört sich gerade so an wie bei Martin Luther. Der hat in seinen Tisch-
20 reden mehrfach erklärt, seine erlösende Erkenntnis, dass der Mensch nicht durch
21 gute Werke, sondern allein durch Gottes Gnade gerechtfertigt ist, die habe ihm
22 der Heilige Geist »in cloaka« offenbart.
23 　Egal ob Luthers Ortsangabe nun wörtlich oder im übertragenen Sinn zu ver-
24 stehen ist. Der stille Ort, das Klo, das Bad und nicht zuletzt die Badewanne, sie
25 sind offenbar für viele Menschen Orte wiederkehrender Inspiration, Orte der
26 Klärungen und Entdeckungen.
27 　Oft fallen mir im Bad Briefanfänge ein. Oder denke ich denke noch einmal
28 völlig neu und anders über Gespräche, die mir nachgehen.
29 　Der stille Ort ist nur scheinbar ein Ort der Selbstbezogenheit.
30 　Gerade da, wo ich allein und anscheinend für mich bin, da kann es passie-
31 ren, dass ich Neues empfange, dass ich da auch offen werde für Gottes Geist.
32 　Nicht nur bei der Morgentoilette. Aber da offenbar auch.[23]

Harry Waßmann geht – klassisch essayistisch – von seiner eigenen Erfahrung aus. Ausgangspunkt ist keine These, sondern eine offene Frage, die Waßmann sich und den anderen stellt: »Wo gehe ich ganz bestimmt allein hin? Wo bleiben Andere gewiss draußen?« (1) Ein Traktat würde auf diese Frage z. B. mit *partitio, argumentatio, exemplum* und *conclusio* anschließen (siehe S. 12). Da Waßmann jedoch seine Predigt als Essay anlegt, folgen Beobachtungen. Seiner Erfahrung mit dem »stillen Ort« (2–5) stellt er die Erfahrungen Peter Handkes

---

23　Waßmann 2013 (www.kirche-im-swr.de/?page=manuskripte&sendung=5&-archiv&w=2013-01-20. Zugriff 2.5.2019).

(8–18) und Martin Luthers (19–22) zur Seite. Dabei ordnet er die Beispiele nicht einer biblischen oder theologischen Wahrheit oder einer These unter, sondern lässt sie gleichberechtigt und gleichgewichtet nebeneinanderstehen. Allerdings stellt Waßmann eine Parität der Ebenen her, indem er sie miteinander korrespondieren lässt. Er findet eigene Erfahrungen bei Handke wieder (11–12) und sieht Beziehungen zwischen den Äußerungen Handkes und Martin Luthers (19). Seine Anordnung ist dabei alles andere als willkürlich und keineswegs beliebig. Sein Text hat eine innere Architektur, die trägt, ohne dass er eine These formulieren würde, auf die alle Beispiele hin angeordnet werden. Er bündelt vielmehr seine Beobachtungen (23–26) und ergänzt diese Bündelung mit einer weiteren eigenen Erfahrung (27–28). Schließlich öffnet sich der Text auch ganz buchstäblich: »Der stille Ort ist nur scheinbar ein Ort der Selbstbezogenheit.« (29).

An keiner Stelle ist Waßmann eine Autorität, die der Hörerin etwas erläutert oder ihre Unwissenheit aufklärt. Er ist derjenige, der sein Gedankengebäude mit den Hörern teilt und sie damit ermutigt, ihre eigenen Bausteine hinzuzufügen.

Die Biografie des Predigers verdichtet und vertieft die Predigt. Würde Waßmann einen Traktat zum Thema schreiben, könnte dies sogar lächerlich wirken. Nur weil er als Person erkennbar ist, wird das Thema interessant und auch überraschend. Niemand erwartet in einem Wort zum Tag auf SWR 2, Gedanken über das stille Örtchen zu hören, ja, das eigene Bad als Ort wiederkehrender Inspirationen, Klärungen und Entdeckungen qualifiziert zu sehen, zuletzt sogar als Ort, an dem einen der Heilige Geist erreichen kann. Ein Clou dieser Predigt ist, dass nahezu alle Hörenden kurz vor dem Hören dieser Predigt diesen Ort aufgesucht haben. Sie können also ihre eigenen Erfahrungen in Bezug zu den Erfahrungen des Predigers setzen – und dazu lädt Waßmann auch ein. Er teilt das, was ihn auf dem stillen Örtchen bewegt, mit den Hörenden. Dabei ist seine Sprache niemals ordinär oder verschämt. Sachlich-nüchtern und präzise zählt er die Handlungen im Badezimmer auf (2–4). Weil Bemerkungen über ein stilles Örtchen im Rahmen einer Predigt ungewöhnlich sind, wird die Aufmerksamkeit der Hörenden geweckt, weil er überraschende Beziehungen zu Literatur (Handke) und Theologie (Luther) zieht, können die Hörenden die Predigt als Gewinn und als »Surplus an Erfahrung« einordnen. Gesellschaftspolitische Akzente gewinnt die Predigt durch die Bemerkungen Handkes über die Situation im Internat und die Angst vor der Nacht auf der Bahnhofstoilette (9–11).

Nicht zwangsläufig muss eine essayistisch aufgebaute Predigt mit einer benannten persönlichen Erfahrung beginnen. Allerdings soll deutlich sein, dass der Autor auf seiner persönlichen Erfahrung aufbaut und diese Erfahrung mit anderen Erfahrungen vergleicht. Der Beitrag von Marita Rödszus-Hecker ist ein Beispiel für eine Kurze Form der Predigt, bei der schnell klar ist, dass die Predigerin aus eigener Erfahrung spricht, ohne dass diese Erfahrung explizit benannt wird.

Marita Rödszus-Hecker
Komm, hilf!
SWR 2 – Wort zum Tag
10.1.2013

1   Die Gesunden und die Kranken verstehen einander nicht. Sie leben in zwei
2   Welten. Wenn die Besuchszeit um ist, dann können die einen gehen – die ande-
3   ren müssen bleiben. In ihrer Hilflosigkeit, ihrer Verzweiflung und ihrer Angst.
4   Thomas Bernhard, der österreichische Dichter, hat auch noch in dieser Angst
5   Worte gefunden.
6   Mit achtzehn Jahren hatten die Ärzte ihn aufgegeben. Er lag im Sterbezimmer,
7   um ihn herum todkranke Erwachsene. Eigentlich hatte er Sänger werden wollen.
8   Aber bei so etwas Banalem wie dem Kartoffeln abladen im Winter hatte er sich
9   eine Rippenfellentzündung geholt und wurde schwer krank. »Ich weiß keine
10 Straße mehr die hinaus führt. Ich weiß keine Straße mehr. Komm hilf. Ich weiß
11 nicht mehr. Was mich befallen wird. In dieser Nacht. Ich weiß nicht mehr was
12 Morgen ist. Und Abend.« So beginnt ein Gedicht von Thomas Bernhard. Für
13 den Kranken verschwimmt die Zeit. Aufwachen, Einschlafen, wieder Aufwachen.
14 Immer ein Dämmer, ein Immer-todmüde-sein, und kein wirkliches Wachwerden
15 mehr. Damals, in dieser Zeit im Krankenhaus, verlor er seinen geliebten Groß-
16 vater. Und den Tod seiner Mutter erfuhr er aus der Tageszeitung. »Ich bin so
17 allein O Herr. Und niemand trinkt mein Leiden. Keiner steht an meinem Bett.
18 Und nimmt die Qual mir.« In diesem Gedicht findet er Worte für das, was viele
19 fühlen, die krank geworden sind: tiefe Hilflosigkeit und Verzweiflung, Einsam-
20 keit, Angst und das Gefühl: Ausgeliefert zu sein.
21   Bernhard wendet sich in diesem Gedicht an den, der da einzig am Kranken-
22 bett noch übrig ist. »O Herr. In meinem Wort ist Finsternis. O Herr erhöre mich.«
23 Der Herr: Ein Zeuge der Qual, die er nicht abnimmt. Ein Zeuge der Einsam-

24 keit, die er nicht aufhebt. Und doch einer, zu dem man noch reden kann, ohne
25 Worte, ohne Atem. »O hör mich an – Ich will nicht mehr allein die Übelkeit.
26 Und diese Welt ertragen. Hilf mir. Ich bin schwach und arm. Mein Wort ver-
27 brennt in Traurigkeit. Für Dich.«
28   Thomas Bernhard nannte sich religiös, aber ohne jeden Glauben. Es ist die-
29 ses »Du« in seinem Gedicht, das ihm geholfen hat, zu klagen, Worte zu finden
30 und vielleicht auch dabei, sich selbst nicht aufzugeben.[24]

Marita Rödszus-Hecker arbeitet als Krankenhausseelsorgerin. Sie erwähnt dies nicht, es ist aber spürbar, dass sie weiß, wovon sie redet – nicht im Sinne einer autoritativen Instanz, sondern als Mensch, der Erfahrungen mit Krankheit und Gesundheit hat: »Die Gesunden und die Kranken verstehen einander nicht. Sie leben in zwei Welten.« (1–2) Dies ist keine These, die Rödszus-Hecker entfaltet, das ist ihre Beobachtung als Krankenhausseelsorgerin. Dieser Beobachtung stellt sie die Gedanken Thomas Bernhards zur Seite. Informationen über das Leben von Thomas Bernhard verknüpft sie mit dessen eigenen Worten, einem Gebet in poetischer Sprache. Der Beitrag zeigt auch, dass es unter bestimmten Umständen möglich ist, Gedichte in einer Kurzpredigt einzubauen, nämlich dann, wenn die Worte einfach und selbstverständlich zu verstehen sind. Dies ist bei den Worten des Gedichts von Thomas Bernhard der Fall (9–12; 16–18; 22; 25–27). Rödszus-Hecker verwendet das Gedicht zudem nicht deshalb, um eine überlegene literarische Bildung zu demonstrieren oder um Bernhard als Autorität und Gewährsmann für ihre Gedanken oder als Zierrat ihrer Gedanken einzuführen, sondern weil seine Erfahrungen Möglichkeiten des Umgangs mit Krankheit und mit Gott darstellen. Rödszus-Hecker vereinnahmt Thomas Bernhardt nicht, sie sagt offen, dass er sich als »religiös, aber ohne jeden Glauben« (29) bezeichnet. Ihre Vermutung, dass sein Gebet Thomas Bernhard möglicherweise geholfen hat, sich selbst nicht aufzugeben, wird nicht als feststehende Gewissheit, sondern als Annahme formuliert (28–30).

    Die Erfahrungen der Predigerin fließen in die Predigt ein, ohne explizit benannt zu werden, sie werden deutlich in ihren ersten

---

24 Rödszus-Hecker 2013 (www.kirche-im-swr.de/?page=manuskripte&sendung=5&archiv&w=2013-01-06. Zugriff 2.5.2019).

vier Sätzen (1–5). Diese Beobachtungen können nur aus eigener Erfahrung formuliert werden. Ihr Eingangssatz »Die Gesunden und die Kranken verstehen einander nicht« (1) ist provozierend formuliert. Dieser Satz schmerzt, ist ein *punctum*. Ihren Erfahrungen stellt die Predigerin die Worte Thomas Bernhards zur Seite, eine überraschende Kombination. Ihre nüchterne Erzählweise kontrastiert mit den poetischen Worten Thomas Bernhards und bringt dessen Gebet dadurch noch mehr zur Geltung, unterstreicht die Gedanken. Das Surplus an Erfahrung ist, dass die Predigt einen sehr intimen Einblick eröffnet in die Welt eines Menschen, der in seiner Krankheit zu verzweifeln droht. Überraschend ist auch der Schluss. Wie kann ein Mensch, der sich als »ohne jeden Glauben« (28) bezeichnet, zu so innigen Gebetsworten finden? Durch diesen Hinweis regt die Predigerin die Hörenden zum eigenen Nachdenken an. Wie gehen sie mit Kranken um, wie mit eigener Krankheit, welche Worte finden sie – und welche nicht?

Anders als Harry Waßmann und Marita Rödszus-Hecker arbeitet Gotthard Fuchs.

Gotthard Fuchs
Humor und Glaube (II)
SWR 2 – Wort zum Tag
13.2.2013

1 Zu den aufregenden Kindheitserinnerungen gehört für mich der Empfang des
2 Aschenkreuzes. Irgendwie unheimlich und mit Gänsehaut hörte ich, wenn der
3 Priester meine Stirn mit Asche bekreuzte und dazu sprach: »Staub bist du, und
4 zum Staube kehrst du zurück.« Aufregend und schockierend – und doch spür-
5 bar richtig. Jetzt im Alter kommt mir dies wie ein Leitmotiv vor. Zum christ-
6 lichen Osterglauben jedenfalls gehört dieser konfrontierende Realismus. Da
7 wird nichts beschönigt und verharmlost, da wird auch nichts dramatisiert oder
8 pessimistisch eingefärbt. Nein, es wird schlicht beim Namen genannt, wie ver-
9 gänglich wir sind. »Unsere Tage zu zählen, lehre uns! Dann gewinnen wir ein
10 weises Herz.« (Ps. 90, 12) Der Psalmist Israels bittet förmlich darum, dass wir
11 nicht kneifen und illusionär leben. Es braucht seiner Meinung nach dazu freilich
12 eigens göttliche Belehrung. Zu groß scheint die Gefahr, dass wir uns belügen.
13 Als ginge es immer so weiter! Das wirkliche Ja-Sagen zum irdischen Leben will
14 gelernt sein.
15   Humus und Humor – beide Worte haben denselben Wortstamm, und
16 dazu kommt humilitas, meistens mit Demut übersetzt. Geerdet-sein und

17 irdisch werden, das ist die Einladung dieses Aschermittwoch. Die Humorig-
18 keit der Karnevalstage und der Humus des Irdischen – sie gehören untrennbar
19 zusammen. Sie erden uns, sie machen mal übermütig und immer demütig. Sie
20 sind das Material des Osterglaubens. »Staub bist du, und zum Staube kehrst du
21 zurück. Der Herr aber wird dich auferwecken am jüngsten Tage.«
22   Deshalb ist solch ein Aschermittwoch keineswegs trübsinnig. Denn das
23 Aschenkreuz erinnert an die Auferweckung der Toten. Im Mut, sich mit dem
24 vergänglichen Leben konfrontieren zu lassen, zeigt sich die österliche Zumutung.
25 Wer glaubend und hoffend dem eigenen Tod ins Auge zu sehen vermag, lebt
26 anders. Er weiß um die gestundete Zeit und das befristete Leben, und das mit
27 Zuversicht. So kann der Aschermittwoch zur Einladung werden, diese 40 Tage
28 bis zum Osterfest alternativ zu gestalten, z. B. als Zeit der Neuorientierung, im
29 Umschichten der Energien, im Aufräumen innen und Außen. »Staub bist du
30 und zum Staub kehrst du zurück. Der Lebendige aber wird dich auferwecken
31 an deinem jüngsten Tage.«[25]

Gotthard Fuchs' Text wirkt auf den ersten Blick essayistisch. Die Predigt beginnt – wie bei einer essayistisch gestalteten Predigt – mit einer Erfahrung, die Fuchs mit den Hörenden teilt. Als Kind empfängt er das Aschekreuz (1–4). Im weiteren Verlauf der Predigt wird aber deutlich, dass alle Beispiele streng auf die These des Autors ausgerichtet sind: »Wer glaubend und hoffend dem eigenen Tod ins Auge zu sehen vermag, lebt anders«. Ein Essay würde die Ebenen gleichberechtigt nebeneinanderstehen lassen. Das Leitmotiv »Staub bist du, und zum Staub kehrst du zurück« durchzieht den Text (3–4; 20–21; 29–30), umrahmt den Grundgedanken der Vergänglichkeit des Menschen und die These (25–26). So hat die Predigt Züge des Traktats, indem sie informiert, etwa über den gemeinsamen Wortstamm von »Humus« und »Humor« (15) und argumentiert: »Wer glaubend und hoffend dem eigenen Tod ins Auge zu sehen vermag, lebt anders. Er weiß um die gestundete Zeit und das befristete Leben, und das mit Zuversicht. So kann der Aschermittwoch zur Einladung werden« (25–27). Gotthard Fuchs' Text ist ein Beispiel dafür, dass ein Text interessant zu hören und kunstvoll aufgebaut, jedoch dank der fehlenden essayistischen Grundhaltung und der offensichtlichen nicht-essayistischen textlichen Architektur kein Essay ist. Im Gegensatz zum Essay ist das Ergebnis nicht offen, Fuchs kennt das Ergebnis seiner Überlegungen genau.

---

25 G. Fuchs 2013 (www.kirche-im-swr.de/?page=manuskripte&sendung=5-
    &archiv&w=2013-02-10. Zugriff 2.5.2019).

Die Architektur des Textes ist in der Grundthese klar erkennbar und alle Beispiele werden auf diese These hin ausgerichtet. Der Text lädt zwar zum Dialog ein, doch werden die Hörenden weniger zu freien Anschlussgedanken motiviert als zu Gedanken, die in der Fluchtlinie der These liegen.

Die Person des Predigenden ist klar erkennbar durch die Erinnerung an ein prägendes Kindheitserlebnis (1–4), ein *punctum*, das Fuchs nachhaltig bewegt, sowie sein Bekenntnis, dass er dieses Erlebnis nun als alter Mann deutet (5). Im zweiten Teil der Predigt tritt die Persönlichkeit des Predigers dann hinter die Thesen zurück – so wie dies auch beim Traktat der Fall ist. Überraschend ist die Verbindung von Humor und Vergänglichkeit.

Für eine Predigt, die essayistisch geformt ist, ist es in besonderem Maße wichtig, dass der Text eine innere Architektur hat, damit die Gedanken nicht zusammenhanglos nebeneinanderstehen. Was passiert, wenn diese innere Architektur fehlt, zeigt das folgende Beispiel:

Klaus Nagorni
Was am Ende bleibt.
SWR 2 – Wort zum Tag
19.7.2007

```
 1  »Nach neun Jahrzehnten sehen sie immer noch strahlend aus. Wie machen Sie
 2  das?«, fragt die Journalistin die hoch betagte Jubilarin. Und die Jubilarin ant-
 3  wortet: »Ich kaufe teure Kosmetika. Mein Mann meinte immer, Nivea tue es
 4  auch. Doch ich liebe teure Cremes. Das ist die Magie der aufgeklärten Frau.«
 5    Bei der aufgeklärten Frau handelt es sich um die Psychoanalytikerin
 6  Margarete MITSCHERLICH. Zusammen mit ihrem Ehemann Alexander gehörte
 7  sie zu den führenden Intellektuellen der jungen Bundesrepublik. Gemeinsam
 8  verhalfen sie der von den Nazis verfemten Psychoanalyse zu neuem Einfluss.
 9    In dem Gespräch, das eine namhafte Zeitschrift aus Anlass ihres 90. Geburts-
10  tags veröffentlichte, gewinnt man zuletzt den Eindruck: hier wird die Ernte eines
11  langen Lebens eingebracht.
12    Das Gespräch endet dann auch nicht in dem leichten Ton, in dem es
13  begonnen hat. Die letzte Frage der jungen Journalistin lautet: »Haben Sie Angst
14  vor dem Sterben?«
15    Margarete MITSCHERLICH antwortet: »Natürlich. Und es wäre sehr
16  angenehm vom lieben Gott, an den ich nicht glaube, wenn er mich geistig
17  klar sterben ließe. Ich habe die größte Angst vor der Abhängigkeit, die ein
18  umnachteter Kopf mit sich bringt.«
```

19   Und dann fährt sie fort: »Doch wem hilft solche Grübelei? ›Seht die Vögel
20 unter dem Himmel an‹, heißt es in der Bergpredigt. ›Sie säen nicht, sie ern-
21 ten nicht, sie sammeln nicht in die Scheunen; und euer Vater ernährt sie doch.
22 Darum sorgt nicht für morgen. Es ist genug, dass ein jeder Tag seine eigene Plage
23 hat.‹ So versuche ich zu leben. Tag für Tag.«
24   Damit endet das Gespräch mit der Jubilarin. Und ich denke: ein gutes Stück
25 dialektischer Theologie ist das. Ich meine das in dem Sinne, dass Margarete MIT-
26 SCHERLICH dem landläufigen Bild eines lieben Gottes, der alles zum Happy End
27 führt, widerspricht.
28   Und dennoch erscheint im Widerspruch eine Wahrheit: dass der himm-
29 lische Vater, dem die Vögel nicht zu gering sind, ihnen Speise zu geben, dem
30 Menschen – gerade dem, der an einer Schwelle steht – eine fundamentale Zusage
31 macht. Sie lautet: Sorge nicht! Denn ein anderer sorgt für dich. Darauf darfst du
32 dich verlassen. Das ist genug![26]

Bei einer essayistisch geformten Predigt genügt es nicht, Assoziationen aneinanderzureihen. Die Forderung, Wahrnehmungen gleichberechtigt und gleichgewichtet nebeneinanderzustellen, bedeutet keine Beliebigkeit. Diese innere Architektur lässt das Wort zum Tag von Klaus Nagorni nicht erkennen. Der rote Faden dieser Predigt ist das Interview, doch diese Verbindung trägt nicht die Aneinanderreihung von Niveacreme und teureren Kosmetika (1–7), Wiederentdeckung der Psychoanalyse nach dem dritten Reich (7–8), Ernte des Lebens (10–11), Angst vor dem Sterben (15–18), Bergpredigt (19–23; 31–32) und dialektische Theologie (25–27). Ein nicht nur formaler, sondern inhaltlicher roter Faden ist eher geeignet, verschiedene Beobachtungen zusammenzufügen, doch selbst wenn dieser gefunden wäre, wären es im Fall der Predigt von Nagorni sehr viele Themen für eine Kurze Form der Predigt – das gefährdet die Statik des Textes.

Der Prediger schildert zwar seine Eindrücke, ist mit seiner Biografie aber nicht erkennbar. Welche Haltung hat er zu Kosmetika? Warum berichtet er diesen Ausschnitt des Gesprächs und konzentriert sich nicht auf die Sequenz mit der Bergpredigt? Was war ihm an der Aussage zu Nivea-Creme wichtig? Das wird nicht deutlich. So wird auch nicht klar, was den Predigenden persönlich bewegt hat, was sein persönliches *punctum* ist. So kommt die Zusage zum Schluss (30–32) unvermittelt.

---

26 Nagorni 2007 (www.kirche-im-swr.de/?page=manuskripte&sendung=5-&archiv&w=2007-07-19. Zugriff 2.5.2019).

Der Essay muss ethische und politische Themen nicht aussparen. Auch im Essay ist es möglich, Stellung zu beziehen. Ein eigenes Beispiel für eine ethische Kurze Form der Predigt mag dies illustrieren:

Angela Rinn
Deutsche Einheit
Die Gedenkstätte Bernauer Straße in Berlin ist eine Stätte der Erinnerung und der Hoffnung.
SWR 2 – Wort zum Feiertag, 3.10.2011

1 Gedenkstätte Bernauer Straße in Berlin. Hier verlief einst die Mauer. Perversion
2 der Geschichte und der Teilung Berlins durch die Siegermächte: die Straße selbst
3 lag im Westen, die Hausmauern schon im Osten. Regine Hildebrandt, die leider
4 viel zu früh verstorbene Politikerin, wohnte in einem der Häuser und hat das
5 in ihrer schnoddrigen Berliner Mundart so auf den Punkt gebracht: »Wenn
6 ich aus dem Fenster sah, war der Kopf im Westen und der Arsch im Osten.«
7 Das ist Berliner Schnauze, der es noch gelingt, dem Schrecken eine humoristi-
8 sche Note abzugewinnen. Die Bernauer Straße hat viel erlebt. Der Direktor der
9 Gedenkstätte, Dr. Axel Klausmeier, führt uns über das Gelände und erzählt uns
10 die Geschichten dieser Straße – es gibt unzählige, bewegend, traurig. Klaus-
11 meier erinnert an die erste Mauertote, eine alte Frau, die am 13. August 1961
12 den Sprung aus dem Fenster in den Westen nicht überlebt hat. Sie blieb nicht
13 die einzige Mauertote. Hunderte sind gestorben. Kinder aus dem Westen sind
14 darunter, die beim Spielen in die Spree fielen und elend ertrunken sind, weil
15 die Grenzwärter aus dem Osten Schießbefehl hatten und sich niemand traute,
16 die Kleinen zu retten. Alle Namen und Lebensgeschichten sind in einem Toten-
17 buch verzeichnet, das in dem Altar der Versöhnungskirche liegt und jeden Mit-
18 tag, zur Andacht, herausgeholt, aufgeschlagen und vorgelesen wird. Die neue
19 Versöhnungskirche wurde erbaut aus den Steinen der alten Kirche, die nach
20 dem Mauerbau mitten im Todesstreifen stand, Symbol der irrwitzigen Teilung
21 Berlins, sie wurde in den 80er Jahren gesprengt. Die Kirche stand im Schuss-
22 feld, hätte Flüchtlingen Sichtschutz bieten können. Das eiserne Turmkreuz, das
23 nach der Sprengung verbogen auf dem nahegelegenen Friedhof lag, das hat
24 jemand vor der Verschrottung gerettet. Heute hat es einen Ehrenplatz auf dem
25 Gelände der Gedenkstätte.
26   Die alte Versöhnungskirche war Symbol der Teilung, die neuerbaute Kir-
27 che ist Symbol der Erinnerung und – ihrem Namen gemäß – Zeichen der Ver-
28 söhnung. Um die Kirche herum hat die Gemeinde ein Roggenfeld angelegt.
29 Ich erinnere mich an das alte Prophetenwort, das zum Leitwort der Friedens-
30 bewegung wurde: Schwerter zu Pflugscharen, Spieße zu Sicheln. Es ist ein
31 besonderes Bild, wenn der Roggen um die Kirche wogt, ein grünes Feld, später
32 erntet die Gemeinde und mahlt aus dem Korn Mehl, aus dem Brot gebacken
33 wird. Brot, das die Gemeinde bei ihren Abendmahlsfeiern teilt. Eine biblische

Verheißung wird greifbar, schmeckbar, leiblich erfahrbar. Schwerter zu Pflugscharen – wo jahrzehntelang Menschen aufeinander geschossen haben, wächst jetzt Getreide, wo der Todesstreifen war, gedeiht jetzt ein Lebensmittel.

Die Bernauer Straße hat viele Geschichten erlebt, die Gedenkstätte bewahrt sie, damit sie nicht vergessen werden. Wenn Dr. Klausmeier erzählt, bekommt Geschichte ein menschliches Gesicht. Ich merke, dass das auch für mein Leben wichtig ist, dass meine Lebensgeschichte mit diesen Geschichten verbunden ist. Es ist unsere deutsche Geschichte.

Nach dem Fall der Mauer und der Deutschen Einheit gab es große Auseinandersetzungen darum, ob die Mauer ganz geschleift oder zum Teil bewahrt werden sollte. Auch die betroffenen Kirchengemeinden waren sich nicht einig, die westdeutsche wollte ein Stück Erinnerung, die ostdeutsche am liebsten jede Spur dieser tödlichen Schranke ausgemerzt wissen. Beide Ansichten kann man nachvollziehen, doch ich bin dankbar dafür, dass gerade für junge Menschen wie meinen Sohn, der erst nach der Wiedervereinigung geboren wurde, Spuren und Geschichten festgehalten werden. Noch leben Menschen, die aus den Fenstern der Bernauer Straße sprangen, noch leben Angehörige der Mauertoten, noch leben auch Menschen, die damals Grenzwächter waren oder politische Verantwortung trugen. Alle können erzählen, ihre Stimmen kann man hören an den Audio-Säulen der Gedächtnisstätte. Und ich finde es gut, dass die Gedenkstätte nicht nur ein begehbares Museum ist, sondern auch – dank der Versöhnungskirche und ihrer Gemeinde – ein lebendiges Zentrum, in dem Menschen beten, sich erinnern, Friedenszeichen säen und ernten und sich versöhnen können.[27]

Dieses Wort zum Tag wurde am Tag der Deutschen Einheit gesendet. Die Predigt erzählt von der Versöhnungskirche in Berlin und macht sie zum Symbol für den Schrecken des Mauerbaus und der Teilung Deutschlands sowie für die Kraft zur Versöhnung. Die Kirche stand während des Kalten Kriegs und der Teilung Deutschlands mitten im Todesstreifen. Nach der Wiedervereinigung baute die Versöhnungsgemeinde auf den Fundamenten und aus den Trümmern der alten Kirche eine Kapelle der Versöhnung. Vor der Kapelle, auf dem ehemaligen Todesstreifen, wurde Roggen gesät, der jedes Jahr geerntet, zu Mehl gemahlen und zu Abendmahlsbrot gebacken wird. Wo früher Tod gesät wurde, wird heute der Samen für das Brot des Versöhnungsmahls gesät und geerntet. Die Predigt erzählt davon, wie die Kraft dieser symbolischen Handlung

---

27 Rinn 2011 (www.kirche-im-swr.de/?page=manuskripte&sendung=5&archiv&w=2011–10–02. Zugriff 2.5.2019).

Menschen ergreift, die das wogende Getreidefeld vor der Kirche betrachten (30–32) – die Ernte ist reif! Zugleich wird an jedem Wochentag in der Kirche die Lebensgeschichte eines Mauertoten verlesen – kein Toter soll vergessen werden (16–18). Ernte bedeutet in der biblischen Bildsprache, die die Predigt aufgreift (26–32), auch Gericht: Wir müssen alle einmal für unsere Taten einstehen vor dem himmlischen Richter. So klingen in den Erzählungen dieser Predigt ethische Themen an.

In den 1980er-Jahren war das Stichwort »Schwerter zu Pflugscharen« das *punctum* der Friedensbewegung. Die Predigt erzählt davon, wie die Versöhnungsgemeinde in einem performativen Akt dies umsetzt (24–33).

Die Predigt vertritt keine Thesen außer der, dass die Geschichte der Kirche, die zugleich die Geschichte Deutschlands symbolisiert, weitererzählt werden sollten. Sie appelliert, diese Geschichten zu erzählen (52) und tut dies selbst.

Meine Persönlichkeit als Predigerin ist in der ganzen Predigt erkennbar. Ich teile mit den Hörenden meine Erlebnisse an der Kirche, die Führung durch den Leiter der Gedenkstätte und meine Gedanken über junge Menschen wie meinen Sohn. Die Predigt ist auf einen Diskurs angelegt. Hörende werden angeregt, selbst diese Gedenkstätte zu besuchen und/oder eigene Erfahrungen zu ergänzen. Überraschend und berührend ist gewiss das Roggenfeld im ehemaligen Todesstreifen, das Korn hervorbringt, das zu Abendmahlsbrot verarbeitet wird. Die Predigt lebt davon, dass sie so anschaulich erzählt, dass die Hörenden sich die Szenen vorstellen können. Sie ist informativ und vermittelt erzählend Wissen. Die Predigt setzt sich mit der gesellschaftspolitischen Vergangenheit und Gegenwart Deutschlands auseinander.

Zusammenfassung

Im Essay wird der Grenzverlauf zwischen Literatur und Leben aufgelöst. Das eröffnet eine neue Sicht auf die Predigt der Kurzen Form. Die Unterscheidung zwischen Bibeltext, Botschaft, Leben und Predigt verflüssigt sich. Das wird von Menschen immer wieder existenziell umstürzend erfahren werden. Essayistisches Predigen wird daher immer aufs Neue unbequem sein und hat gesellschaftliche Auswirkungen.

Der Essay ist gerade in seiner Unabgeschlossenheit eine geeignete Vorlage für die Kurze Form der Predigt. Das Fragment wird als Chance ergriffen und schreibend gestaltet. Der Essay hat nicht den Anspruch, abgeschlossen zu sein. Übertragen auf die Homiletik bedeutet dies, dass von der predigenden Person eine »Predigende Existenz« gefordert wird, die es nicht ermöglicht, sich selbst von der eigenen Predigt und der gesellschaftlichen Wirklichkeit zu distanzieren. Eine »Predigende Existenz« ist gewissermaßen ein Sprung ins Ungewisse, das Wagnis, sich dem *punctum* Gottes auszusetzen – »geborgen im Ungewissen«[28].

! Acht Thesen

1. *Biografie – Subjekt des Autors und der Autorin*
Die Autorinnen beziehen ihre Biografie schreibend ein, beobachten ihre inneren Regungen, bringen sich mit ihrem konkreten Leben in den Text ein. Private Erfahrungen werden im Text aufgenommen, ohne unbedingt genau ersichtlich oder erkennbar zu sein, doch sie verdichten und vertiefen den Text. Es ist nicht möglich, einen Text zu schreiben, der von der eigenen Person abstrahiert, ohne die Haltung des Essayismus zu verlieren. Das Schildern schon einer einzigen persönlichen Erfahrung weckt das Interesse der Hörenden, die darauf hoffen können, Anregungen für ihr eigenes Leben zu gewinnen. Die Konzentration auf ein Erlebnis in der Kurzen Form wirkt dabei sogar verstärkend auf die Neugier. Zu viele geschilderte Erfahrungen können ablenken.

2. *Beobachtung*
Die Autoren beobachten sehr genau und präzise und setzen das schreibend um. So kann auch in einem kurzen Text ein prägnanter Inhalt präsentiert werden. Zugleich werden ablenkende Ausschmückungen vermieden. Die präzise Beobachtung, die sich auch auf einen Ausschnitt des Beobachteten beschränken und diesen beschreiben kann, ist notwendige Voraussetzung für die Kurze Form der Predigt, da sie keinen Raum für ausführliche Darlegungen hat.

---

28 Schmidt o. J.

Die Kurze Form ist die Herausforderung, auf treffende Bilder und sprachliche Wendungen zu achten.

3. *Begrenzung*

Dem Essay gelingt es, sich zu begrenzen. Der Essay muss nicht alles sagen und erkennt die Chance des Fragments. Damit wird die Begrenzung nicht als Nachteil gesehen, sondern als sinnvoller Gestaltungsrahmen begriffen. Die Begrenzung lädt die Hörenden ein, eigene Assoziationen anzufügen und eigene Argumente zu finden – dies etwa bei der Kurzen Form, die als Traktat gestaltet ist. Der Essay verlangt keine umfassende Vollständigkeit – so besteht eine Nähe zur Kurzen Form der Predigt.

4. *Sprachliche Schönheit*

Lord Bacon »besaß das Geheimnis, Farbigkeit mit Durchsichtigkeit und Fülle mit Klarheit zu verbinden«[29]. Das ist Anspruch und Herausforderung für jede Sprache, die Menschen erreichen will – auch für die Sprache der Kurzen Form der Predigt. Für sie gilt das in besonderem Maße, weil sich in der Kürze auch die Wahrnehmung der Hörenden auf Details verstärkt. Sprachliche Mängel ebenso wie unstimmige Bilder werden in der Kurzen Form deutlicher wahrgenommen und erinnert als in der Langform. Ebenso wichtig ist die schlüssige Architektur des Textes in der Kurzen Form, die als Essay gestaltet ist.

5. *»Surplus an Erfahrung«*

Der Essay ist »das Versprechen auf ein Surplus an Erfahrung, die erotische Spannungslage zwischen Denken und Form in einer existenziellen Entscheidungsszene.«[30] Dieses Versprechen motiviert die Hörenden, sich auf die geschilderten Erfahrungen hörend einzulassen und fesselt die Aufmerksamkeit schnell. Dies ist für die Kurze Form wichtig, da ihr keine lange Einleitungsphase zur Verfügung steht.

---

29 Friedell 1967, 397.
30 Schärf 1999, 23.

6. *Prozesshafter Diskurs*

Der Essay ist offen angelegt und auf das Leben konzentriert – gegen einen vergeistigten Intellektualismus. Sowohl die Kurze Form, die als Traktat, als auch die Kurze Form, die als Essay gestaltet ist, baut sich im Dialog auf. So werden die Hörenden in der Kurzen Form nicht ausgeschlossen, sondern in den Prozess miteinbezogen. Sie tragen ihre eigenen Erfahrungen und Argumente bei.

7. *Aktualität*

Walter Benjamin z. B. zeigt in den Essays der »Einbahnstraße«[31] eine bestürzende prophetische Klarheit in der gesellschaftlichen Analyse. Die Kurze Form darf nicht auf gesellschaftliche Zeitgenossenschaft verzichten, weil menschliches Leben sich im Kontext ereignet – auch im Kontext politischer Diskurse und Bedingungen. Die Predigt hat auch eine prophetische Aufgabe. Durch ihre Prägnanz kann die Kurze Form diese ethische Herausforderung besonders gut erfüllen.

8. *Punctum*

Punctum ist das, was besticht, sowohl den Autor als auch die Leserin bzw. sowohl die Predigerin als auch den Hörer. Predigende teilen mit den Hörenden das, was sie anrührt. Das können sowohl beglückende als auch schmerzvolle Erlebnisse sein. Die Kurze Form unterstreicht die Bedeutung des Moments. Der einzelne, besonders bestechende Moment wird herausgehoben. Da er nicht in eine Reihe mit anderen Erfahrungen oder Gedanken gestellt wird, betont die Kurze Form seine Einzigartigkeit wie eine Fassung den Edelstein.

---

31 Benjamin 1955.

3 Neurowissenschaftliche Anregungen

Was »besticht« die Menschen? Warum »trifft« manches sie und anderes lässt sie kalt? Und: Was macht Menschen neugierig? Hier geben die Neurowissenschaften wichtige Hinweise.

Es gibt eine Vielfalt von biologischen und psychologischen Forschungstraditionen, die Erkenntnisse über menschliches Lernen, Emotionen, soziales Verhalten und Sinneswahrnehmungen erzielen und entsprechend ihrer wissenschaftlichen Tradition definieren. Diese Disziplinen weisen, wenn nach der Person der Predigenden und Hörenden gefragt wird, aus ihrer jeweiligen Perspektive und Tradition wertvolle Erkenntnisse aus, die sich teilweise überschneiden. Zu diesen Forschungstraditionen zählt auch die Neurowissenschaft.

Die Herausforderung besteht nun darin, die Gedanken der Neurowissenschaft zu verstehen und Übersetzungsarbeit zu leisten.[32] Ich versuche in diesem Kapitel, mit den Sprachspielen naturwissenschaftlicher Traditionen ins Gespräch zu kommen, um zu sehen, ob ihre Erkenntnisse mit theologischen Beschreibungen verbunden werden können und neue Erkenntnisse bieten, die die Homiletik inspirieren. Jenseits der Debatte über »Gott im Gehirn«[33], die nicht im Fokus meines Themas liegt, finde ich es fruchtbringend, in den interdisziplinären Dialog einzutreten, wenn ich über die Kurze

---

32 Vgl. den Neurowissenschaftler Andreas Draguhn: »Um mit Vertretern anderer Traditionen (›Sprachspiele‹) auf einer metasprachlichen Ebene kommunizieren zu können, muss sie Übersetzungsarbeit leisten und sich den konkurrierenden oder komplementären Zugängen dann auf Augenhöhe aussetzen« (Draguhn 2012, 263).
33 Jörg Mey bringt die diesbezüglichen Fragen auf den Punkt: »Können neurowissenschaftliche Erkenntnisse die Existenz Gottes in Frage stellen? Widerlegt die Neurobiologie das Konzept des freien Willens? Untergräbt der neurowissenschaftliche Ansatz den Wahrheitsanspruch der Religion?« (Mey 2009, 161). Zur Problematik auch: Eibach 2003 und T. Fuchs 2013.

Form der Predigt nachdenke. Die neurowissenschaftliche Forschung selbst ist interdisziplinär ausgerichtet.[34] Das Memorandum »Reflexive Neurowissenschaft« fordert eine interdisziplinäre Zusammenarbeit »unter essenzieller Beteiligung der Philosophie mit ihren Facetten der Anthropologie, Philosophie des Geistes und Wissenschaftstheorie«[35].

Allerdings sind dabei die Grenzen neurowissenschaftlicher Analyse zu beachten. Neurowissenschaftliche Untersuchungen erfassen nicht die Gefühle von Menschen, sie erleben sie nicht, sondern sie betrachten sie von außen und stellen objektivierbare Strukturen, Funktionen und Kausalitäten fest.[36] Zudem sind Menschen keine genormte Serienproduktion, sondern Individuen, die »nicht stereotypen Handlungsmechanismen folgen«[37] und deren Handeln »von keiner rational agierenden Steuerzentrale bestimmt wird«[38].

Nach einer ersten Phase der Euphorie mit äußerst optimistischen Erwartungen, die 2004 von einer Gruppe von Neurowissenschaftlern in einem viel beachteten Manifest[39] veröffentlicht wurden, ist das zehn Jahre später in einem Memorandum zu diesem Manifest[40] dargestellte Ergebnis enttäuschend. Im Manifest äußerten sich prominente Fachvertreter zuversichtlich über die zu erwartenden Fortschritte der Hirnforschung in den Bereichen Diagnostik, Therapie und Grundlagenforschung. Wesentliche Beiträge zu einem neuen, wissenschaftlich fundierten Menschenbild wurden in Aussicht gestellt. Das Memorandum einer Gruppe von Wissenschaftlern unterschiedlicher Disziplinen zieht 2014 eine ernüchternde Bilanz. Die 2004 formulierten Ziele sind bei Weitem nicht erreicht worden. Vor allem kritisiert das Memorandum die unzureichende Reflexion der Neurowissenschaften im Bereich ihrer Theorie und Methodologie und eine Überschreitung ihres Erklärungspotenzials.

---

34 »Hirnforschung (›neuroscience‹, Neurobiologie) ist heute ein hoch aktives, interdisziplinäres und sehr stark diversifiziertes Gebiet der biologischen und medizinischen Wissenschaft.« (Draguhn 2013a, 89.)
35 Tretter et al. 2014.
36 Vgl. Draguhn 2013c, 54.
37 Draguhn 2013c, 56.
38 Draguhn 2013c, 56.
39 Elger et al. o. J.
40 Tretter et al. 2014.

Die Ergebnisse des Memorandums zeigen, wie anmaßend der Geltungsanspruch der Hirnforschung auf andere Wissenschaftsbereiche mit dem Argument ist, dass ihre Resultate kausale Erklärungen menschlichen Verhaltens böten.[41]

Andreas Draguhn, Professor für Neuro- und Sinnesphysiologie an der Universität Heidelberg, warnt heute aus neurowissenschaftlicher Perspektive vor übersteigerten Erwartungen an die Neurowissenschaft:

> »Wissenschaft ist stets unsystematisch und unvollständig; die Hirnforschung macht hier keine Ausnahme. Sie erlaubt spannende Einblicke in unsere Natur – überzogene Ansprüche auf die Beantwortung jahrtausendealter philosophischer Fragen nach dem Verhältnis von Körper und Geist hat sie gar nicht nötig. Sie kann sie auch bei Weitem nicht einlösen!«[42]

Wenn selbst die Magensteuerung des Hummers mit insgesamt nur 30 Nervenzellen noch nicht vollständig erforscht ist, sind wir von der umfassenden Einsicht in die Komplexität des menschlichen Gehirns noch weit entfernt.[43]

Auch Alexander Borst, Direktor am Max-Planck-Institut für Neurobiologie in München, und Benedikt Grothe, Inhaber des Lehrstuhls für Neurobiologie an der Ludwig-Maximilians-Universität in München, mahnen zu Bescheidenheit. Die Autoren verweisen darauf, dass die Forschung über Aufbau und Funktion der Sinnesorgane zwar enorm fortgeschritten ist. Von einem genauen Verständnis menschlicher Wahrnehmung, der Funktion des Kortex und davon, wie die von den Rezeptoren erfassten Sinnesdaten im Gehirn zu einem Bild der Welt zusammengesetzt werden, kann jedoch noch längst nicht die Rede sein.[44]

Aus phänomenologischer Perspektive kritisiert und ironisiert Thomas Fuchs, Professor für Philosophische Grundlagen der Psychiatrie und Psychotherapie in Heidelberg, den Versuch von Neurowissenschaftlern, die Deutungshoheit über die Humanwis-

---

41 Zu diesem Anspruch: Draguhn 2012, 263.
42 Draguhn 2013b, 28.
43 Vgl. Draguhn 2013b, 28.
44 Vgl. Borst/Grothe 2011, 58. Vgl. auch Eckoldt 2013.

senschaften zu gewinnen, und ironisiert ihre Hybris: »Der scheinbar so unergründliche Geist ist ihnen ins neuronale Netz gegangen, wo er kläglich zwischen den Synapsen hin und her zappelt«.[45] Das Geheimnisvolle der Persönlichkeit, des Zusammenspiels in menschlichen Beziehungen, entzieht sich jedoch neurowissenschaftlicher Untersuchung. »Das eigentliche Leben ist Grund und Quelle, nicht Gegenstand unserer Erfahrung. Es ist das, was immer schon geschieht, während wir noch versuchen, es zu berechnen und zu planen.«[46] Zwar können kortikale Reaktionen untersucht werden, doch das

»eigentliche, nämlich das tätige und lebendige Gehirn lässt sich gar nicht abbilden, geschweige denn in die Hand nehmen. Den Geist oder das Selbst in den Neuronen zu lokalisieren, wäre ebenso vergeblich, wie den Blick eines Menschen in seinem Augapfel zu suchen. Die Materialität des Auges ist im Blick aufgehoben; sie ist *transparent* geworden für den Anderen, der uns mit lebendigen Augen anblickt.«[47]

Einer rein objektivierenden, im engeren Sinne wissenschaftlichen Sicht auf das Gehirn setzt Thomas Fuchs seine phänomenologisch-philosophische Sicht entgegen. Sein Ansatz verweist darauf, dass der Mensch mehr ist als ein Körper, der lediglich dem Gehirn als Transportmittel dient. Thomas Fuchs begreift das Gehirn als Beziehungsorgan und betont den Begriff des »Leibes«. Menschen verfügen sowohl über ein Fakten- als auch über ein Leibgedächtnis[48]. Der Körper ist Gegenstand objektivierender Untersuchung. Der Begriff »Leib« weist darauf hin, dass sich der Mensch einer rein objektivierenden Sicht entzieht.

Streng genommen ist es nur möglich, davon zu sprechen, dass das Gehirn etwas tut oder lässt, wenn man sich gleichzeitig vergegenwärtigt, dass dieses Gehirn nichts tut oder lässt unabhängig von dem Menschen, dessen Organ es ist. Der Leib kann – wie das Gehirn – nicht isoliert betrachtet werden, sondern ist in Beziehung, nämlich in Beziehung mit der Welt.

Auf der anderen Seite ist die Bedeutung des Leibes auch noch nicht lange in der homiletischen Debatte beachtet worden. Die Ver-

---

45 T. Fuchs o. J., 9.
46 T. Fuchs o. J., 8.
47 T. Fuchs o. J., 18.
48 Vgl. Tschacher 2010.

nachlässigung der körperlichen Dimension entspricht unserer Kultur, die den Menschen als Vernunftwesen definiert hat. »*Cogito ergo sum*« – »Ich denke, also bin ich« (René Descartes) vergisst, dass der Geist eines Menschen in einem Körper wohnt, dass wir mit unseren Körpern leiblich Kontakt mit der Welt aufnehmen. Wir sehen, hören, fühlen, riechen und schmecken, und dies alles prägt auch unseren Geist und unsere Sprache.

Auch Neurowissenschaftler haben Schwierigkeiten mit der jahrhundertelangen einseitigen rationalen Definition des Menschen. Andreas Draguhn weist nach, dass die Beschreibung neuronaler Vorgänge oft mechanistisch ist, ohne dass in der Neurowissenschaft dieser Ansatz genügend diskutiert wird. Mechanische Kategorien sind nicht die einzig mögliche Herangehensweise, haben als Erklärungsmuster aber selbstverständlich Konsequenzen. Wenn Denkvorgänge mit Begriffen aus der Informatik beschrieben werden, liegt es nahe, das Gehirn mechanistisch als Computer zu verstehen. Dies wird dem Menschen nicht gerecht. Gefühle ereignen sich zwar nicht unabhängig vom Gehirn, sie betreffen jedoch den ganzen Körper und sind Vollzüge des gesamten Menschen.[49] Der Mensch ist ein Geschöpf mit Leib und Geist in – trotz allem, was bis heute dazu erforscht wurde – nach wie vor geheimnisvoller Verbundenheit.

Andreas Draguhn vertritt für die Neurowissenschaften die These, dass »wir zu einer Algorithmisierung des Geistigen«[50] neigen. Diese Haltung verschenke die Möglichkeit, sich mit der ebenfalls einseitig kognitiven Sicht des Menschen in Bereichen unserer Gesellschaft auseinanderzusetzen, etwa im Rechts- und Schulwesen, in denen die Körperlichkeit des Menschen nicht ausreichend in Rechnung gestellt wird. Doch eine rein kognitiv bestimmte Sicht auf den Menschen wird seiner Natur nicht gerecht.[51]

Was passiert im Gehirn eines pubertierenden Jugendlichen? Dies ist eine wesentliche Frage z. B. für die Religionspädagogik. Im Blick auf die Kurze Form betrifft es beispielsweise die Gestaltung von Andachten mit Jugendlichen.

---

49 Vgl. Draguhn 2013b, 274.
50 Draguhn 2013b, 89.
51 Vgl. Draguhn 2013b, 89.

Es ist in der homiletischen Debatte inzwischen unstrittig, dass es bei einer Predigt nicht darum geht, Informationen über Gott vom Sender »Prediger« zur Empfängerin »Hörerin« zu transportieren. Weil die Homiletik um die Bedeutung von Emotionen weiß, muss es sie interessieren, dass Emotionen sowohl auf physiologische Vorgänge zurückgeführt als auch primär durch neuronale Prozesse verursacht werden können. Ebenso muss sie interessieren, dass heute eine integrative und systemphysiologische Sicht auf das emotionsverarbeitende Netzwerk des Gehirns vorherrscht, die auch die hormonellen Einflüsse aus dem gesamten Körper berücksichtigt.[52] »Ein spezialisiertes und abgegrenztes System der Emotionsverarbeitung gibt es also nicht.«[53] Die Komplexität des Bereichs menschlicher Emotionen sollte Predigenden bewusst sein. Gewiss »erklären« neurowissenschaftliche Erkenntnisse nicht, was Emotionen sind. Ihre Untersuchungen müssen sogar, wenn sie biologische Gesetzmäßigkeiten feststellen wollen, die Individualität jedes Menschen oder Tieres und die Art und Weise, wie dieses Lebewesen fühlt, ausblenden.[54] Zudem sind die Grenzen des bildgebenden Verfahrens zu beachten:

»Wenn beim Betrachten eines aufwühlenden Bildes meine Mandelkerne und Teile meines Stirnhirns besonders stark aktiviert werden, so erklärt dieser Befund natürlich noch lange nicht, wie die Emotion auf der Ebene von Neurotransmittern und elektrischen Aktivitätsmustern zustande kommt, von den wiederum darunter liegenden molekularen Vorgängen ganz zu schweigen.«[55]

Jedoch ist es für Predigende informativ, dass sich Emotionen gegenseitig ausschließen können und etwa die Empathiefähigkeit blockiert wird, wenn Menschen verletzt oder bestraft werden, die tatsächlich oder vorgeblich die Regeln der eigenen Gruppe verletzt haben. Es ist eine relevante Information, dass religiöse Erfahrungen auch körperliche Auswirkungen haben.[56]

---

52 Draguhn 2013c, 51–57. Vgl. dazu auch Rinn 2015, 143–158, ein Beitrag, der auf Ergebnisse dieser Arbeit Bezug nimmt.
53 Draguhn 2013c, 53.
54 Vgl. Draguhn 2013a, 95.
55 Draguhn 2012, 266.
56 Vgl. Schjoedt et al. 2008, 165.

Neurowissenschaften helfen uns, zu begreifen, wie Wahrnehmung funktioniert, was Menschen bewegt und was sie antreibt. Das ist wichtig, damit die Predigenden sich selbst und andere besser verstehen können. Gerade die Kurze Form muss in wenigen Sätzen das Interesse der Hörenden wecken und dies in einer Art und Weise, die Hörenden Lust macht, sich das zu merken, was die Predigenden ihnen zu sagen haben. Neurowissenschaften bieten hier neue Perspektiven, weil sie nachvollziehbar machen, was Menschen fasziniert und warum und wie das geschieht.

»Es steht außer Frage, dass die Untersuchung der Voraussetzungen tierischen und menschlichen Verhaltens, Fühlens, Wahrnehmens und Denkens lohnt und dass sie zu grundlegenden Erkenntnissen über uns selbst beiträgt […]. Hirnforschung weist Bedingungen unseres Handelns, Erlebens und Denkens auf und klärt somit Grenzen und Möglichkeiten des Menschen«[57]

– das muss die Theologie interessieren!

Im Gespräch mit neurowissenschaftlichen Erkenntnissen eröffnen sich neue Einsichten darüber, was Menschen damals an den Gleichnissen Jesu fasziniert hat und was uns heute noch an diesen Gleichnissen begeistert. Das Verständnis des Gleichnisses vom barmherzigen Samariter beispielsweise wird vertieft durch die Information der Neurowissenschaften, dass das Gehirn auf den Anblick eines fremdartigen Menschen reagiert, Rassismus also biologisch verwurzelt ist. Allerdings entwickelt sich diese Reaktion erst im Verlauf der Adoleszenz, ist also erlernt. Dies eröffnet neue Auslegungsmöglichkeiten des Gleichnisses.

Eigene Krankheitserfahrungen vermitteln Menschen Verständnis für die Intensität, mit der sich die kranken Menschen, denen Jesus begegnete, nach Heilung sehnten. Mit den Menschen zur Zeit Jesu verbindet uns über jeden »garstigen historischen Graben« (Gotthold Ephraim Lessing) hinweg das Erfahrungswissen darum, dass Menschen immer wieder in ihrem Leben unter Schmerzen leiden und Schmerz den ganzen Menschen ergreifen kann – nicht nur das erkrankte Körperteil (vgl. 1. Kor 12,26). Wir teilen mit ihnen auch die Erfahrung von Mitgefühl und das Erstaunen darüber, wenn Mit-

---

57 Draguhn 2012, 276.

gefühl fehlt. Heute wissen wir mehr darüber, was unser Gehirn mit diesen Empfindungen zu tun hat.[58]
Die Erforschung des Gehirns ist sicher keine neue Metaphysik.

»Auch wissenschaftstheoretisch wird bezweifelt, dass alles naturwissenschaftlich Erforschbare auf universelle letzte Prinzipien zurückzuführen sei und somit die Einheit der Naturwissenschaften ermögliche. Vielmehr bestehen parallele Ansätze auf vielen Ebenen, innerhalb derer durchaus kausale Erklärungen ohne Rückführung auf universelle Gesetze und atomare Bausteine möglich sind«[59].

Neurowissenschaften beschreiben mit ihren Analysen und aus ihrer Tradition heraus, warum und wie Menschen etwas begeistert oder ängstigt. Wie funktioniert das Gedächtnis und wieso ist der Mensch ein soziales Wesen und kein solipsistisches Individuum? – Hierauf finden sich dank der Neurowissenschaften anregende Antworten. Wenn homiletische Reflexion nach den Bedingungen gelingender Kommunikation in der Kurzen Form der Predigt fragt, dann ist es ein sinnvoller Aspekt, die entsprechenden Ergebnisse der Neurowissenschaften einzubeziehen.

Die Neurodidaktik kann einen neuen Blick darauf bieten, wie Menschen lernen. Gibt es Sprachformen, die Menschen besonders entgegenkommen? Sind Menschen überhaupt in der Lage, einer längeren Rede ununterbrochen zu folgen, oder entspricht eine Predigtlänge wie die der Kurzen Form nicht nur unseren durch die Medien geprägten Hörgewohnheiten, sondern auch den Möglichkeiten unseres Gehirns? Gibt es Sprachformen, die das Gehirn »stören« und dazu führen, dass Menschen »aussteigen«?

Wenn Menschen einer Predigt zuhören und einen Gottesdienst feiern, dann betrifft das auch ihren Leib, dann vergegenwärtigt ein Wort einen Duft, dann assoziiert ein Gedanke eine Berührung, dann kann es geschehen, dass sie sich durch einen schönen Satz wie gestreichelt fühlen und durch einen Segen buchstäblich aufgerichtet. Ich möchte mehr darüber erfahren, wie Menschen hören, sehen, fühlen, riechen und schmecken und erachte es als wichtig, zu wis-

---

58 Vgl. 60 ff. und z. B. Immordino-Yang et al. 2009, 8021–8026.
59 Andreas Draguhn 2012, 265–266.

sen, dass bei Sinneseindrücken, bei Erzählungen oder durch Witze breite Netzwerke im Gehirn aktiviert werden.

In *sechs beispielhaft angeführten Bereichen* untersuche ich, inwiefern neurowissenschaftliche Beschreibungen wesentliche Ergänzungen bestehenden Wissens oder gänzlich neue Erkenntnisse bieten, die für die eigene Predigt hilfreich und nützlich sein können.

Zunächst wird ein Blick nach innen auf die Selbstbelohnung des Menschen und dann nach außen auf seine Existenz als soziales Wesen geworfen. Anschließend beschäftige ich mich mit der Fähigkeit und Unfähigkeit des Menschen, Mitgefühl zu empfinden. In einem nächsten Abschnitt geht es um den Kontext der menschlichen Existenz. Die Kommunikation durch Symbole und die Bedeutung von Emotionen für das Lernen runden dieses Kapitel ab.

Nach jedem Abschnitt nenne ich *sich daraus ergebende homiletische Anregungen*. Fragen und Übungen dienen der eigenen Vertiefung.

Menschen belohnen sich selbst – Dopamin

Für das Überleben der Art benötigt der Organismus Substanzen aus seiner Umgebung und er braucht Sexualpartner, um sich fortzupflanzen. Was uns antreibt, ist der Lohn der Mühe – wir suchen nach Lebensglück! Unser Überleben als Individuum und Spezies ist davon abhängig, dass wir Menschen die Nährstoffe, die unser Körper zur Ernährung braucht, und potenzielle Fortpflanzungspartner erkennen und erreichen, auch wenn diese nicht direkt neben uns stehen. Organismen lernen aus Fehlern und Erfolgen. Auf der Suche nach Nährstoffen und Fortpflanzungspartnern müssen Menschen immer einen Spagat zwischen Risiko und Sicherheit meistern. Sind die Personen oder Nährstoffe erreicht (oder auch nur schon zum Greifen nahe), erfolgt im Gehirn eine Dopaminausschüttung – und diese Dopaminausschüttung verursacht Glücksgefühle. Gäbe es diese Glücksgefühle nicht, wäre auch kein Anreiz vorhanden, das Risiko einzugehen. Ein angestrebter Sexualpartner kann mich ablehnen, ein Büffel mich auf die Hörner nehmen, statt sich von mir erlegen zu lassen. Das sind schmerzhafte und kränkende Erfahrungen. Das Glücksgefühl, den begehrten Menschen verführt und das Tier besiegt zu haben, muss stärker sein als die mögliche Schmach von Niederlagen. Zugleich muss ein Individuum auch in der Lage sein, zukünftige Ereignisse vorauszusehen, um unangenehme Folgen zu vermeiden und Belohnungen zu erhalten.[60]

Immer wieder haben Menschen versucht, das Risiko zu minimieren, und nach Wegen gesucht, Prozesse zu beeinflussen, auch mithilfe irrationaler, abergläubischer Handlungen. »Der Grad des Aberglaubens ist häufig umgekehrt proportional zu unserem Wissen.«[61] Offenbar hat das System von Belohnung und Risiko für Menschen auch eine Verbindung zum Übersinnlichen. Jenseits vom Aberglauben ist Beten (auch!) ein Versuch, das Risiko einzudämmen.

Über die Befriedigung elementarer Bedürfnisse hinaus streben Menschen nach »höheren Belohnungen«, etwa nach Geld, Musik, Kunst, einem angenehmen Ambiente, nach guten und anregenden Gesprächen, Macht, Sieg, Schönheit – oder eben nach einer spannenden Predigt. Menschen können alles als Belohnung einstufen – sogar einen Gottesdienst.[62] Das kann gelingen, wenn das Gehirn eine Predigt als »Belohnung« einstuft, also der Genuss, der sich beim Hören einstellt, mit Sexualität, Alkohol oder Schokolade konkurrieren kann.[63] Dies geschieht auch, wenn ein Gottesdienst Freude bereitet. Geschickte Prediger nutzen den Effekt von Witzen, die vielfältige Hirnregionen aktivieren: »Insgesamt scheint ein Bündel komplexer kognitiver Leistungen notwendig zu sein, um Witze zu verstehen.«[64] Ein »Humornetzwerk«[65] aktiviert viele Hirngebiete, vor allem, wenn es dem Witz gelungen ist, zumindest ein Lächeln auszulösen. Der

---

60 Vgl. Schultz et al. 1997, 1593.
61 Schultz 2011, 89–90.
62 Theoretisch könnten Menschen sogar nach einem Gottesdienst süchtig werden. Die neurobiologische Nähe der Elemente Lust/Motivation und Sucht und ihre Abgrenzung ist Grundlage der modernen Suchtforschung. Vgl. Falk 2013.
63 Helmut Schwier benutzt den Begriff »Gratifikation«: »Eine gute Predigt bietet den Hörenden eine Gratifikation durch die Wahrnehmungsmöglichkeit lebenspraktischer, theologischer, geistiger und spiritueller Impulse. Darin wirkt sie anregend« (Schwier 2009, 135).
64 Wild 2010, 33.
65 Wild 2010, 33.

so aktivierte Predigthörer freut sich und wird die Witze erzählende Predigerin sympathisch – und damit glaubwürdig! – finden.

Zu einer »höheren Belohnung« kann eine Predigt werden, wenn sie überraschende neue Lebensmöglichkeiten eröffnet oder einen neuen bzw. überraschenden Bezug zwischen biblischer Botschaft und aktueller Lebenssituation zeigt. Nur das, was im aktuellen Kontext relevant ist, wird sinnesphysiologisch überhaupt erfasst und dem Bewusstsein zugesandt, motivational bewertet und schließlich erinnert oder in das Handeln einbezogen.[66]

Die Jagd nach Neuem ist an sich interessant[67] und eine Belohnung für die, die sich auf den riskanten Weg machen, einem neuen Gedankengang, neuen Dimensionen und Impulsen zu folgen. Zu den Grundbedürfnissen des Menschen bei seinem In-der-Welt-Sein zählen Sicherheit und Entdeckerfreude, Zugehörigkeit und Freiheit. Menschen sind Lebewesen, die auf der einen Seite einen starken Hang zum Ritual, zur Wiederholung und zur Routine haben, auf der anderen Seite neugierig sind und die Tendenz haben, sich schnell zu langweilen, wenn etwas gleichförmig geschieht. Dieser Dualismus ist nicht nur kulturell geprägt, je nach Persönlichkeitstyp[68] haben Routine und ritualisiertes Verhalten unterschiedlich relevante Funktionen.

Auch die Lernbereitschaft von Menschen hängt unmittelbar mit dem Belohnungssystem zusammen. Dopamin führt zu einer erhöhten Leistung des Langzeitgedächtnisses, wird die entsprechende Erregungsübertragung blockiert, führt dies zu einer Verschlechterung der Gedächtnisbildung.[69] Klaus Götz, Professor für betriebliche Weiterbildung in Bremen und für Weiterbildungsforschung und -management in Koblenz-Landau, und Peter Häfner, emeritierter Professor für Biologie und ihre Didaktik an der PH Heidelberg, betonen aus der pädagogischen Perspektive, wie wichtig für das Lernen das Erfolgserlebnis ist, eine besondere Schwierigkeit bewältigt zu haben. Sowohl Unter- als auch Überforderung sind daher kontraproduktiv

---

66 Hinweis von Prof. Dr. Andreas Draguhn, Heidelberg.
67 Vgl. Schultz 2011, 88.
68 Hier gibt es verschiedenste Konzepte zur Typisierung, einen Überblick bieten Jens B. Asendorpf (2007) und Hermann-Josef Fisseni (2004).
69 Vgl. Kiefer et al. 2013, 558.

für den Lernprozess und Lernerfolg, da sie entweder kein Erfolgsgefühl aufkommen lassen oder den Erfolg verhindern.[70] In Bezug auf die Neugier gilt: Wenn das Gehirn nicht den Eindruck hat, es würde für die Mühe des Lernens belohnt, tut es nichts. Wenn es dagegen einen emotionalen Bezug herstellen kann[71] oder es den Anschein hat, es würde für die Mühe der Aufmerksamkeit belohnt[72], dann kommt es zu einer Dopaminausschüttung. Das Gehirn verspricht sich eine Belohnung. Jede Belohnung führt zu einer automatischen Voraussage. Wenn die Belohnung dagegen ausbleibt oder aber gleich bleibt, es also keine Veränderungen gibt (positiv wie negativ), erlahmt das Interesse an der Materie. Dopaminneurone werden erregt, wenn die Belohnung »besser als erwartet«[73] ist, was möglicherweise erklärt, warum Menschen immer stärkere Belohnungen anstreben und nicht einfach zufrieden sind mit dem, was sie haben.[74] Da der Genuss von Alkohol und Drogen ebenfalls zu Dopaminausschüttung führt, können Menschen von diesen Substanzen abhängig werden, denn Drogen »erzeugen im Belohnungssystem immer das Signal ›besser als erwartet‹. Damit entsteht ein sogenannter ›prediction error‹, ein Vorhersagefehler, der Neurone Dopamine feuern lässt.«[75] Das gilt allerdings ebenso für alle anderen Belohnungen, auch für »höhere Belohnungen«. Lernen und Sucht hängen deshalb unmittelbar zusammen. Inzwischen wird eine Suchterkrankung als »Lernmodell« verstanden, die in sehr alten Hirnsystemen verordnet ist.[76]

»Das Belohnungssystem ist nicht nur beim Menschen vorhanden. Selbst der sehr einfach gestrickte Fadenwurm Caenorhabditis elegans [...] hat ein rudimentäres Motivationssystem. Zerstören Wissenschaftler bei dem Wurm nur eine Handvoll Nervenzellen, die Dopamin ausschütten, macht das Tier für eine Bakterienmahlzeit keinen Umweg mehr.«[77]

---

70 Vgl. Götz/Häfner 2010, 111.
71 Markowitsch/Welzer 2005.
72 Roth 2002, 2; Schultz 2011, 83–105.
73 Leiberg/Singer o. J. Drogen lösen diesen Effekt des *prediction error* immer aus.
74 Vgl. Schultz et al. 1997, 1593–1599; Schultz 2011, 98–99.
75 Kiefer et al. 2013, 558.
76 Vgl. Kiefer et al. 2013, 557 f.
77 Kupferschmidt 2011, 1.

Das Problem ist: Menschen brauchen immer stärkere Belohnungen. Sie sind nie zufrieden, weil nur eine jeweils bessere Belohnung zu einem Dopaminanstieg führt. Die Belohnung auf Ebene der dopaminergen, also der auf Dopamin reagierenden Zellen ist proportional zum Mismatch. D. h. die Zellen des Belohnungszentrums sind in der Erwartung einer Belohnung besonders aktiv, erlahmen dann aber, wenn diese Belohnung wie erwartet ausfällt. Ist sie größer als erwartet, sind sie wieder hochaktiv. Die Lust beim Rauchen oder Trinken ist im Moment des Greifens zur Zigarette oder zum Glas Wein am größten, der Rest ist nur noch Vollzug. Heute nimmt man an, dass Dopamin »eher als ein belohnungsankündigendes und aufmerksamkeitslenkendes Signal fungiert.«[78] Die Hypothese lautet, dass »Organismen ihr Verhalten auf den maximal wahrscheinlichen Erhalt zukünftiger Belohnungen ausrichten«[79] und »ein verminderter Anreizwert von nichtsubstanzbezogener Belohnung und Belohnungsreizen relativ zum Suchtmittel mit einer erhöhten Wahrscheinlichkeit der Substanzeinnahme einhergeht.«[80]

In unseren tiefsten Entscheidungsmechanismen sind wir nicht frei, aber wir erwarten von einem erwachsenen Menschen, dass er sich frei entscheiden kann – es sei denn, er ist durch eine Suchterkrankung in seiner Freiheit erheblich eingeschränkt. Suchtkranke leiden ja gerade darunter, dass sie zwar wissen, was gut für sie ist, dies aber nicht umsetzen können. Menschen haben die Möglichkeit, in einem Vorstellungsraum Alternativen kognitiv durchzuspielen und abwägend miteinander zu vergleichen. Dazu gehören auch die ausgeprägten Kontroll- und Hemmfunktionen, die beim Menschen immer mit dem besonders hoch entwickelten frontalen und präfrontalen Kortex in Zusammenhang gebracht werden. Dazu passt die Pathologie: Ein notorischer Straftäter mit defektem frontalen und präfrontalen Kortex verfügt über eine eingeschränkte Entscheidungsfreiheit.

Durch die Manipulation der Belohnungen werden Menschen nicht zu völligen Marionetten, verfügen also durchaus über einen eingeschränkten freien Willen:

---

78 Kiefer et al. 2013, 558.
79 Kiefer et al. 2013, 558.
80 Kiefer et al. 2013, 561.

»Freier Wille könnte bei der Wahl zwischen verschiedenen Belohnungen mit ihren verschiedenen Risiken eine Rolle spielen. Wir wissen, dass wir Entscheidungen entsprechend dem subjektiven und nicht dem objektiven Wert der Belohnungen treffen. Mit der subjektiven Bewertung von Belohnung und ihrem Risiko besteht die Möglichkeit, dass sich der Wert ändert und von uns selbst beeinflusst werden kann. In welchem Maß dieser Bewertungsprozess frei und nicht vorbestimmt ist, bleibt herauszufinden, aber er wird womöglich durch Reflexion und Erfahrung mit der Umwelt beeinflusst und zeigt damit einen gewissen Grad von Freiheit.«[81]

Homiletische Anregungen

Die Erforschung des Belohnungssystems von Neuronen eröffnet vielfältige homiletische Anregungen. Zunächst erschließen neurowissenschaftliche Erkenntnisse in Verbindung mit psychologischen und pädagogischen Perspektiven ein erweitertes Verständnis biblischer Texte. Die Beobachtung, dass Menschen immer stärkere Belohnungen brauchen und nie zufrieden sind, weil nur eine jeweils bessere Belohnung zu einem Dopaminanstieg führt, erklärt manch biblische Geschichten und warum diesem »Immer-mehr-Wollen« mit moralischen Appellen an die Vernunft nur schwer entgegengesteuert werden kann. Dass Menschen nicht zufrieden sind, sondern immer mehr wollen, wird etwa in Gen 11,1–9 (Turmbau zu Babel), in Ex 16,35 (Murren über Manna) und in der Geschichte von David und Bathseba (2. Sam 11) thematisiert. Jesus erzählt in den Gleichnissen vom verlorenen Groschen und vom verlorenen Schaf (Lk 15,1–10) Geschichten von der Freude des Findens aus der Welt von Männern (das verlorene Schaf) und aus der Welt der Frauen (der verlorene Groschen).[82] Die überschwängliche Freude, die er beschreibt und die für ihn Gleichnis ist für die Freude im Himmel über einen bekehrten Sünder, ist – aus neurowissenschaftlicher Perspektive – die erzählte Auswirkung einer Dopaminausschüttung. Mann und Frau werden für die Mühe des Suchens belohnt und feiern dies mit ihren Freunden.

Jesus predigt so bestechend, dass Menschen von seinen Predigten mehr haben wollen – eine Erfahrung, die bei einigen, die Jesus zuhören, zu einer radikalen Lebensänderung führt. Sie geben ihre

---

81 Schultz 2011, 93.
82 Vgl. dazu auch Schottroff 2007, 198.200–204.

gesicherte Existenz zugunsten eines Wanderdaseins auf, werden seine ersten Jüngerinnen und Jünger und gewinnen Lebenssinn.

Witze aktivieren breit gestreute Netzwerke im Gehirn. Dies erläutert die beliebte Praxis, eine Predigt oder einen Vortrag mit einem Witz zu beginnen, was die Aufmerksamkeit von Menschen weckt und den Vortragenden sympathisch wirken lässt. Wie überraschend, spannend und witzig die Gleichnisse Jesu für seine Zeitgenossen waren, unterstreicht Peter Lampe am Beispiel des Gleichnisses vom Sauerteig (Lk 13,20–21). Möglicherweise überhört oder überliest man heute – falls man nicht gerade Bäcker von Beruf ist – die ungeheure Menge Mehl, unter die der Sauerteig gemengt wird: fünfzig Pfund! Den Zeitgenossen Jesu, die ihr Brot noch selbst backten, ist das jedoch gewiss schon beim ersten Hören aufgefallen. Dazu kommt noch mehr, was sie verblüfft:

»Die gewaltige, Weltgeschichte bewegende Königsherrschaft Gottes und ein Sauerteig hatten für die galiläischen Zuhörer Jesu bisher nichts miteinander zu tun gehabt, im Gegenteil! Sauerteig wurde als unrein empfunden. Doch nun verkündete der Nazarener, dass die Königsherrschaft Gottes einem Sauerteig gleich sei. Wie verrückt! Wie überraschend! Wie witzig auch, wenn der Witz davon lebt, dass er zwei normalerweise nicht zusammengehörende Sachverhalte kombiniert. Hört man die palästinensischen Zuhörerinnen noch lachen?«[83]

Jesus gelingt es in einem Satz (!), seine Zuhörer zu faszinieren, indem er spannend, witzig und überraschend erzählt und so ihre Neugier weckt, mehr zu hören und zu erfahren und zu lernen.

In den Gleichnissen vom Schatz im Acker und der kostbaren Perle (Mt 13,44–45) geht es darum, dass Menschen alles daran setzen, einen von ihnen als Belohnung eingestuften Gegenstand zu erreichen. Der Mensch, der den Schatz im Acker findet, verkauft alles, was er hat, um den Acker zu kaufen. In einem Satz schildert Jesus, wie jemand in einem Moment überschäumender Freude sein ganzes Vermögen geringer einschätzt als einen gefundenen Schatz und das Risiko eingeht, dieses Vermögen einzusetzen – ein anderer Mensch könnte in der Zwischenzeit den Schatz gefunden und an sich genommen haben.

---

83 Lampe 2006, 155.

Das Risiko beim Kauf der Perle liegt auf einer anderen Ebene. Sicher war schon zu Jesu Zeiten bekannt, dass eine Verteilung der Vermögenswerte sinnvoll ist, um Risiken abzusichern. Der Kaufmann setzt jedoch alles auf eine kleine Perle, die leicht gestohlen werden oder verloren gehen kann. Jesus vergleicht Schatz und Perle mit dem Himmelreich. Beide Belohnungen lassen sich nur erreichen, wenn ein bestimmtes Risiko eingegangen wird.

Die geschilderten neurowissenschaftlichen Ergebnisse erklären, dass auch eine Predigt als Belohnung eingestuft werden und eine Dopaminausschüttung provozieren kann. Das wurde am Beispiel der Predigt Jesu angedeutet. Die Voraussetzungen für eine Dopaminausschüttung bei einer guten Predigt sind gar nicht schlecht: Beim Hören werden große Hirngebiete angesprochen, es können »Bilder im Kopf« entstehen. Wenn eine Predigt ein Überraschungsmoment enthält, über das Erwartete hinausgeht, dann geschieht ein *prediction error*, der Neuronen Dopamin freisetzen lässt.[84] Der Überraschungseffekt ist wichtig, da die Dopaminausschüttung nicht erfolgt, wenn die Belohnung vorausgesagt wird, also alles in gewohnten Bahnen verläuft.[85] »So richtig und schön zum Beispiel eine als Zuspruch gemeinte Aussage wie ›Gott liebt alle Menschen‹ auch sein mag: das haben die meisten schon tausendmal gehört«[86]. Eine solche Predigt lässt die dopaminhaltigen Neuronen nicht vermehrt Dopamin »feu-

---

84 Ablaufsimultane Rückmeldungen von Predigthörenden zeigen deutlich, wann die Hörenden mit den Predigten »mitgehen« und wann das Interesse erlahmt. Am Beispiel einer Predigt von Gerd Theißen zeigt Helmut Schwier (2010a), dass Hörer mitgenommen und angesprochen werden, wenn der Prediger persönlich erkennbar wird, Stellung bezieht, »persönlich und in der Deutung der Osterbotschaft, im Vertrauen auf das Leben, trotz der Konfrontation mit der Wirklichkeit, trotz der Erfahrungen der Niederlagen und der Einsichten der realen Welt.« (Schwier 2010a, 198). Das Interesse der Hörenden erlahmt, wenn die geschilderte Situation nicht ihre persönlichen Fragen trifft – im Fall der Theißen-Predigt etwa, wenn die geschilderte Figur einen Klub radikaler Aufklärer besucht (vgl. Schwier 2010a, 198).
85 »Die Dopaminantwort zeigt aber noch etwas anderes. Die Antwort auf die Belohnung verschwindet, sobald die Belohnung vorausgesagt ist. Erfolgt jedoch mehr als die vorausgesagte Belohnung, erhöhen die Dopaminneurone ihre Aktivität.« (Schultz 2011, 97).
86 Schwier 2009, 140.

ern«[87], hier wird nur die Langeweile befeuert. Wegen des fehlenden Überraschungseffekts ist es leider nicht möglich, eine an sich wunderbare, sorgfältig exegetisch aufgearbeitete und an der Lebenssituation der Menschen ausgerichtete Predigt *jeden* Sonntag zu halten. Deshalb wird es darauf ankommen, auf neue Überraschungsmomente im Predigttext zu achten und diese mit den Hörenden zu teilen. Im Blick auf die Kurze Form ist dies besonders wichtig, da sie sich in der Regel wegen ihrer Kürze auf einen Überraschungsmoment konzentriert. Predigende werden darauf achten, ihre Predigt so zu gestalten, dass Menschen sie als Belohnung empfinden. Dies gelingt, wenn die Predigt einen Hörgenuss bietet, also eine Art »höhere Belohnung« darstellt und viele Ebenen im Menschen anspricht, indem sie spirituell, intellektuell, leibhaftig und ethisch anregend ist und dabei mitten im Leben steht.[88]

! *Praktische Anregungen*
Fragen
- Wann hat Sie etwas zuletzt überrascht?
- Wann haben Sie zuletzt etwas getan oder gelassen, was andere verblüfft hat?
- Wenn Sie an die letzte Woche zurückdenken: Was war anders als sonst?
- Wenn Sie über Ihr Leben nachdenken: Gab es einen Tag/eine Begegnung/einen Impuls, der/die Ihr Leben verändert hat?
- Wann haben Sie sich zuletzt richtig gelangweilt? Und warum?
- Wofür würden Sie mitten in der Nacht aufstehen?

---

87 So der »Laborjargon« für neuronale Aktivität. Hinweis von Prof. Dr. Andreas Draguhn.
88 »Auch wenn nicht alle Predigthörenden die ästhetische Wende der Homiletik samt Inhalt kennen, werden die sprachlichen, rhetorischen und performativen Gestaltungskompetenzen von ihnen schlicht vorausgesetzt. Die Frage nach dem Inhalt liegt hier auf einer anderen Ebene: Sie ist die Erwartung von Gratifikation durch lebenspraktische, geistige, spirituelle und theologische Impulse« (Gall/Schwier 2013, 239).

Übungen
- Zeichnen Sie Ihr Leben als Kurve, mit Höhen und Tiefen. Überlegen Sie, wo Gott Ihnen auf Ihrer Lebenskurve nah oder fern vorkam. Zeichnen Sie eine zweite »Gotteskurve«. Was überrascht Sie, wenn Sie beide Kurven betrachten?
- Erzählen Sie schriftlich von einem Ereignis, das Sie überrascht hat. Überlegen Sie, welche biblische Geschichte Ihnen dazu einfällt.
- Suchen Sie sich einen Ort, an dem Sie gut und gerne eine Stunde verweilen können. Beobachten Sie die Situation, die Sie umgibt. Notieren Sie das, was Sie überrascht. Fällt Ihnen zu Ihrer Beobachtung eine biblische Geschichte ein?
- Gehen Sie mit einer Kamera/Ihrem Smartphone durch Ihren Ort/Ihre Stadt. Schauen Sie genau hin. Wenn Sie etwas überrascht: Fotografieren Sie es! Schauen Sie sich nach Ihrem Spaziergang die Fotos an. Gibt es einen »roten Faden«? Fallen Ihnen biblische Parallelen ein?

Der Mensch – ein soziales Wesen

Neurowissenschaftliche Erkenntnisse unterstreichen die theologische Aussage, dass der Mensch erst im Gegenüber zum Menschen wird. Sie zeigen, dass sich Menschen erst in und durch die Kommunikation mit anderen Menschen und ihrer sozialen Gruppe entwickeln und ihre Fähigkeiten ausbilden. Menschen sind »überaus soziale Wesen, die in ständiger Kommunikation mit anderen Menschen stehen und auch mit Unbekannten und in größeren Gruppen Kooperation aufbauen können.«[89]

Der Mensch ist aus biblisch-theologischer Perspektive ein Geschöpf Gottes und auf ein Du hin konzipiert: als Gegenüber Gottes. Diesen Schöpfungsgedanken entfaltet das Menschsein Jesu Christi im Gegenüber zu Gott – Jesus befindet sich mit dem Vater in einer einzigartigen Kommunikation.[90] Diese Kommunikation ergreift dann auch die Jünger. Schon für die ersten Christen gilt:

---

89 Frevert/Singer 2011, 134.
90 »So findet die Heilige Schrift ihre Mitte in einer einzigen Lebensgeschichte: *In der Geschichte Jesu Christi als der Lebensgeschichte Gottes, der ein Mensch geworden ist* […]. Insofern bildet die Lebensgeschichte Jesu gleichsam das

»Dass nicht lange nach der Kreuzigung über fünfhundert Personen sich versammelten, denen eine Jesusvision widerfuhr (1. Kor 15,6), lässt wenigstens andeutungsweise das Ausmaß der Jesusbewegung ahnen.«[91]

Menschen sind zutiefst soziale Wesen. Zur Herausbildung einer Persönlichkeit ist das soziale Umfeld unerlässlich. Wolfgang Drechsel greift diesen Gedanken pastoralpsychologisch auf:

»Auf diese Weise lässt sich eine pastoralpsychologische Theorie entfalten […] im Sinne eines ›living human document‹, das nicht ein für allemal festgeschrieben ist, sondern eher wie ein Palimpsest immer neue Texte entdecken lässt, wobei der Leser sich bewusst sein sollte, dass er nicht nur liest, sondern selbst an diesem ›living human document‹ mitschreibt und zugleich selbst geschrieben wird.«[92]

Menschen können nicht isoliert leben. Jede individualistische Perspektive erfasst nicht, dass es eine Besonderheit des Menschen ist, dass sich sein Gedächtnis in einem sozialen Prozess entwickelt.[93] Aus physiologisch-psychologischer und sozialpsychologischer Perspektive bemerken die Gedächtnisforscher Hans J. Markowitsch und Harald Welzer: »Wenn wir über die Phylo- und Ontogenese von Menschen sprechen, fallen Natur- und Kulturgeschichte zusammen.«[94] Nach Markowitsch und Welzer werden durch diese Erkenntnis gleich zwei Denkhindernisse beseitigt: Ein Leib-Seele-Dualismus zum einen[95] und eine Aufsplittung zwischen Natur und Kultur zum anderen.[96]

Menschen existieren nur als »Gegenüber«, sie verkümmern auch, wenn sie isoliert werden. Menschen sind auf andere Menschen angewiesen, um sich zu entwickeln, z. B. ihre sprachlichen

---

Zentrum der ganzen Bibel. Zugleich bietet dann aber die Heilige Schrift als ganze wiederum die Darstellung einer weiteren äußerst komplexen Lebensgeschichte, nämlich der kollektiven Lebensgeschichte der Menschheit vor Gott.« (Drechsel 2002, 36).
91 Lampe 2006, 128.
92 Drechsel 2002, 340.
93 Vgl. Markowitsch/Welzer 2005, 260.
94 Markowitsch/Welzer 2005, 22.
95 Vgl. Illing, 2005, 33.
96 Vgl. Markowitsch/Welzer 2005, 22.

Fähigkeiten. Das liegt daran, dass sich Fähigkeiten nur im Gebrauch ausbilden, insbesondere während kritischer Perioden.[97] Das gilt u. a. für das Sprach- wie für das Sehvermögen.[98] Es ist also nicht so, dass sich das Gehirn »entwickelt«, sondern dass es im Gegenteil Möglichkeiten verliert, wenn diese nicht genutzt werden. Jedes (gesunde) Baby der Welt ist demnach in der Lage, jede Sprache der Welt als Muttersprache zu erlernen, wenn es in dieser Sprache angesprochen wird. Unsere kognitiven und emotionalen Fähigkeiten bilden sich nur in der Kommunikation aus, was auch für primär nicht-soziale Aktivitäten wie Rechnen, Planen usw. gilt. Ein wesentlicher Teil unserer Charakteristika besteht gerade in der sozialen Interaktionsfähigkeit, unserem Denk- und Einfühlungsvermögen, das in engem Zusammenhang mit unserer Sprachfähigkeit steht.[99]

Angela Friederici, Direktorin der Abteilung Neuropsychologie am Max-Planck-Institut für Kognitions- und Neurowissenschaften in Leipzig, weist darauf hin, dass der Mensch die einzige Spezies ist, die Sprache erwerben und verwenden kann. Der Spracherwerb von Kindern folgt in allen Sprachen der Welt dem gleichen Schema, das gilt sogar für gehörlose Kinder. Entscheidend ist der Input. Ohne Input wird keine volle Sprachfähigkeit erreicht (vgl. die Leidensgeschichte des Kaspar Hauser, der als ausgesetztes Kind später nie mehr richtig sprechen lernte). Schon Kleinkinder zeigen auf inkorrekte Sätze eine deutliche Gehirnreaktion. »Diese frühen Fähigkeiten des Erkennens von Regularitäten im Input sind die Grundvoraussetzungen für den menschlichen Spracherwerb, für den späteren Erwerb von Syntax.«[100] Unbehandelte Schwerhörigkeit bei Kindern hat verheerende soziale,

---

97 Vgl. dazu Hubel/Wiesel 1959, 574–591. Die beiden Autoren bekamen für ihre Entdeckung später den Nobelpreis.
98 Kritisch würdigt Dominik Gyseler die Beziehung von Pädagogik und Neurowissenschaft: »Bevor die neurowissenschaftlichen Grundlagen der Pädagogik nicht systematisch überzeugend ausgearbeitet worden sind, sind alle Versuche einer neurowissenschaftlichen Grundlegung der Pädagogik genau jener Kritik ausgesetzt, die im Moment berechtigterweise an der Neuropädagogik ausgeübt wird.« (Gyseler 2006, 568).
99 Vgl: Loughead et al. 2010, 323.
100 Friederici 2011, 116–117.

psychische und kognitive Folgen.[101] Bezeichnenderweise ist das Wort »doof« eine niederdeutsche Entsprechung des hochdeutschen »taub«, die übertragene Bedeutung wurde im 20. Jahrhundert von Berlin aus üblich.[102] Unsere Sprache hat offensichtlich den Zusammenhang der Sinne Sehen und Hören bewahrt: In der Tat sind die auf diese Funktionen spezialisierten Regionen im Gehirn miteinander verbunden.

Menschen lernen, dass sie sind und wer sie sind, in der sozialen und kulturellen Gemeinschaft, zu der sie gehören. Dazu gehört auch der religiöse Kontext, in dem sie aufwachsen. Der Praktische Theologe Wolfgang Drechsel bezieht hier interessanterweise auch Gott selbst mit ein. Er beschreibt das Seelsorgegeschehen als Beziehungsgeschehen, im dem drei Lebensgeschichten auf dem Spiel stehen und im Spiel sind: Die Lebens- und Liebesgeschichte Gottes verknüpft sich mit derjenigen der am Gespräch beteiligten Personen.[103] Demnach setzt sich auch Gott der kontextuellen Bedingung aus – das entspricht nicht zuletzt der Geschichte Jesu.

Hans J. Markowitsch, Professor für Physiologische Psychologie an der Universität Bielefeld, und Harald Welzer, Forschungsprofessor für Sozialpsychologie in Witten/Herdecke und Direktor des Center for Interdisciplinary Memory Research am Kulturwissenschaftlichen Institut Essen, erläutern, dass Kinder von Beginn ihres Lebens an Teil eines Systems sind und in dem sozialen System, in dem sie aufwachsen, zunehmend Kompetenzen erwerben, die sie schließ-

---

101 »Eine Hörstörung im Säuglings- und Kleinkindesalter gefährdet eine normale Sprach- und Persönlichkeitsentwicklung, was den besonderen Stellenwert einer solchen Störung in dieser Altersgruppe ausmacht.« (Probst et al. 2000, 201).
102 »Da die Bedeutungen des ahd. mhd. *toup* sich mit der von *tump* (s. dumm) berühren, gilt zus-Hang der beiden Sippen als sicher. Die unter dumm angenommene Beziehung zu der in gr. typhlós ›blind‹ bewahrten idg. Wz. * *dhubh* ›stumpf, betäubt sein‹ führt weiter auf toben mit seiner Sippe. Nhd. Betäuben (mhd. tôuben, mhd. ahd. touben) ›empfindungs-, kraftlos machen‹ stimmt zu der angenommenen Grundbed. Die nd. Form dôf hat neuerdings von Berlin aus (Ag. Lasch 1928 Berlinisch 122, 156.254) weit um sich gegriffen und die Bed. ›dumm‹.« (Kluge 1957, 773).
103 Vgl. Drechsel 2002, 375.

lich befähigen sollen, die Anforderungen der Gesellschaft an sie zu erfüllen.[104] Wolfgang Drechsel vertritt die These, dass

»das ›autobiographische Gegenüber‹ [...] nicht nur am Entstehungsprozess der lebensgeschichtlichen Darstellung beteiligt ist, sondern dass im Beziehungsgeschehen zwischen dem Erzähler und seinem Gegenüber [...] etwas ganz Eigenes entsteht, das nicht mit den einzelnen Personen verrechenbar ist.«[105]

Die Erziehung des sozialen Systems geschieht – auch – durch Geschichten, die in der sozialen Gruppe erzählt werden. Weil Menschen soziale Wesen sind und ihr Gedächtnis ein autobiografisches Gedächtnis ist, erzählen sie Geschichten und sind darauf angewiesen, dass ihnen Geschichten erzählt werden.[106] Durch diese Geschichten werden auch soziale Fähigkeiten vermittelt, etwa die, sich in andere Menschen einzufühlen. Unsere Begabung, uns in andere Menschen hineinzuversetzen, ist eine der wichtigsten menschlichen Fähigkeiten, um soziales Bewusstsein zu entwickeln, »known as theory-of-mind (ToM) or mentalizing«[107]. Auch wenn die Beziehung von ToM und dem Verständnis von erzählten Geschichten noch nicht vollständig untersucht ist, lässt sich beweisen, dass ToM und das Verständnis von Erzählungen gemeinsame Netzwerke im Gehirn aktivieren.[108] Menschen lernen soziales Verhalten, wenn und indem sie Geschichten hören und verstehen und erinnern.

Eine brasilianische Studie[109] hat untersucht, welche Gehirnregionen während glücklicher, neutraler oder belastender Erinnerungen reagieren. Interessanterweise zeigte sich in der funktionellen Bildgebung während glücklicher Erinnerungen eine erhöhte Aktivität in präfrontalen und subkortikalen Regionen. Glück aktiviert offenbar ein breites Netzwerk von Hirnregionen. Glückliche autobiografische Erinnerungen aktivieren deutlich mehr als negative oder

---

104 Vgl. Markowitsch/Welzer 2005, 224.
105 Drechsel 2002, 128–129.
106 Vgl. dazu auch Stephan Müller-Kracht, der »Telling stories« als wesentlichen Bestandteil medientauglichen Erzählens beschreibt (2013, 232–235).
107 Mar 2011, 104.
108 Vgl. Mar 2011, 110.124.
109 Cerqueira et al. 2008, 1076–1085.

neutrale Erinnerungen.[110] Themen der positiven Erinnerungen waren Feste, Erfolge, Geburten, geliebte Menschen, also Situationen des persönlichen Vergnügens oder der persönlichen Leistung. Negative Erinnerungen betrafen Staus, Bürokratieerfahrungen, Warten in langen Schlangen und Feindseligkeit. Durch die Beteiligung des Thalamus während glücklicher Erinnerung wurden auch sensorische Informationen miteinbezogen.

Thomas Fuchs beschreibt aus phänomenologischer Sicht, dass Erinnerung sich auch im Körper ereignet.[111] Es gibt ein Gedächtnis des Leibes, etwa motorische Kompetenzen wie Klavierspielen oder die Fähigkeit, sich in einem vertrauten Raum auch im Dunkeln sicher zu bewegen.

»Leibliches Vertrautsein mit den Dingen bedeutet biographisches Vergessen, Absinken des bewusst Getanen und Erlebten in einen Untergrund, aus dem sich das Bewusstsein zurückgezogen hat, und der doch unser alltägliches In-der-Welt-Sein trägt.«[112]

Zugleich betrifft dieses Gedächtnis unsere menschlichen Beziehungen, sodass das Leibgedächtnis auch als »zwischenleibliches Gedächtnis«[113] bezeichnet werden kann: Es zeigt sich beispielsweise im sogenannten »ersten Eindruck«, den wir von einem Menschen haben, und beeinflusst alle Interaktionen unter Menschen. Wenn Menschen ein Trauma erfahren, wird dies auch im Leibgedächtnis erinnert, sodass Körpersensationen das Trauma plötzlich wachrufen können. Das Leibgedächtnis bleibt, auch wenn eine Demenzerkrankung das deklarative Gedächtnis zerstört.

Homiletische Anregungen

Es ist eine wichtige Information der Neurowissenschaften, dass Menschen nur im Zusammenleben überlebensfähig sind und ein Individuum nur im Kontakt mit anderen wesentliche Fähigkeiten wie Sprach- und Sehvermögen ausbilden kann. Soziales Leben ist offensichtlich keine Entscheidungs-, sondern vielmehr eine Überlebens-

---

110 Vgl. Cerqueira et al. 2008, 1082.
111 T. Fuchs 2012, 103–106.
112 T. Fuchs 2012, 104.
113 Vgl. T. Fuchs 2012, 105.

frage. Die theologische Aussage, dass es kein isoliertes Christsein gebe und Christen immer auf die Gemeinschaft der Christen angewiesen seien bzw. der Mensch erst im Gegenüber zu Gott und seinem Nächsten zu einem erfüllten Leben finde, wird durch diese neurowissenschaftliche Beobachtung in Verbindung mit den Ergebnissen der Sozialpsychologie und Physiologischen Psychologie gestützt: Isoliertes Leben ist nicht möglich. Die Frage ist, wie ein solcher sozialer Kontext entsteht und entwickelt werden kann. Hier gibt die Bibel vielfältige Hinweise: zum einen durch Gesetzestexte, zum anderen aber auch durch die Geschichten, die sie erzählt.

Eine Predigt, die sich mit ethischen Themen beschäftigt, wird die Angewiesenheit des Menschen auf die soziale Gemeinschaft berücksichtigen und verdeutlichen, dass Regeln dazu dienen sollen, diese soziale Gemeinschaft zu gestalten – und nicht, Menschen in ihrer Bewegungsfreiheit einzuschränken.

Menschen lernen soziales Verhalten und Einfühlungsvermögen – auch – durch Geschichten. Wenn Jesus Gleichnisse erzählt, lernen die Zuhörenden etwas über ihre Beziehungen zu sich selbst, zueinander und zu Gott. Da diese Geschichten immer überraschende Wendungen beinhalten, können die Zuhörenden neue Beziehungsmuster entdecken und entwickeln. Menschen schreiben am »living human document« mit, vergleichbar einem Palimpsest, also einer antiken Manuskriptseite aus Pergament, die immer wieder abgeschabt und neu beschrieben wurde. Das Palimpsest ist ein Dokument der Begrenzung. Kein Text steht ewig, jeder Text kann jederzeit überschrieben werden. Das ermutigt, die Begrenzung anzunehmen, die Schönheit und die Chance der Grenze zu sehen und einen Text in der Bewegung zu betrachten, in der er gelesen und überarbeitet wird – ein wesentlicher Hinweis im Blick auf die Kurze Form der Predigt. Palimpseste weisen darauf hin, dass viele Menschen am Textgefüge mitwirken und es gestalten.

Der Neutestamentler Gerd Theißen verweist auf den emotionalen Effekt metaphorischer Sprache.[114] Die Predigt kann durch narrative und metaphorische Sprache diesen Effekt bewusst nutzen und berücksichtigen. Menschen sind Leib und Seele. Performative

---

114 Vgl. Theißen 2006, 342.

Sprechakte im Gottesdienst und Handlungen – etwa ein Segen – werden vom Leib erinnert und bleiben im Leibgedächtnis gegenwärtig.

Die Kurze Form der Predigt wird gerade bei Kasualien gefordert, die sich an entscheidenden Punkten des Lebens ereignen. Die kurze Form der Kasualpredigt begleitet und prägt damit glückliche persönliche Erinnerungen oder lässt – selbst bei einem traurigen Anlass wie einer Beerdigung – schöne Erinnerungen an einen geliebten Menschen aufleben.

Wenn Jesus von glücklichen Ereignissen spricht (Festmahl, Hochzeit, eine wiedergefundene Münze, ein wiedergefundenes Schaf, ein Schatz im Acker, eine kostbare Perle, die erworben werden kann), dann aktivieren diese Erzählungen positive Erinnerungen bei Menschen und damit viele Gehirnregionen. Jesus verknüpft diese positiven Erinnerungen mit dem Bild des Himmelreichs.

Nicht nur schöne Erinnerungen, sondern auch das Erinnern an belastende Situationen kann heilvoll sein, um traumatische Erlebnisse zu verarbeiten. Der Neurowissenschaftler und Psychologe Julio F. P. Peres untersuchte in einem Forschungsprojekt eine Gruppe von Polizisten in São Paulo nach einem kriminellen Angriff, bei dem Polizisten verwundet und sogar getötet worden waren.[115] Die Gruppe wurde in drei Untergruppen aufgeteilt. Eine Gruppe bekam Psychotherapie, eine weitere war auf der Warteliste für eine Therapie, eine dritte Gruppe zeigte keine Symptome eines psychologischen Traumas. Nach der Therapie zeigte die erste Gruppe während der Erinnerung an die traumatisierenden Ereignisse Gehirnaktivitäten wie die Gruppe, die von vornherein symptomfrei war. In der Untersuchung wird geschlussfolgert, dass das strukturierte Erzählen in der Psychotherapie dazu beitragen kann, die Resilienz von Menschen zu stärken.[116] Offenbar gibt es Unterschiede, wie Menschen identische traumatische Situationen verarbeiten. Manche Menschen verfügen über Selbstheilungskräfte – Resilienz – und können auf eigene Kompetenzen zum Überleben traumatischer Situationen zugreifen und gewinnen sogar Stärke im Durchstehen, während andere daran zerbrechen.

---

115 Peres et al. 2011, 727–734.
116 Vgl. Peres et al. 2011, 727.

Sicher ist eine Kasualpredigt keine Psychotherapie. Allerdings kann etwa die Predigt anlässlich einer Beerdigung Erinnerungen hervorrufen und Bilder und Erzählungen bieten, die trösten und Selbstheilungskräfte stärken.

Homiletisch wichtig: Sprachliche Bilder müssen »stimmen«. Wenn schon Säuglinge Fehler in der Kombination von Laut und Bild wahrnehmen, wird das bei Erwachsenen – eventuell unbewusst – nicht anders sein. Unstimmige Bilder stören. Stimmige Bilder dagegen, die verschiedene Sinneseindrücke stimulieren, führen zu stärkeren kortikalen Reaktionen und werden später umfassender erinnert.

! *Praktische Anregungen*
Fragen
- Welche Menschen sind in Ihrem Leben wichtig gewesen?
- Wie kultivieren Sie die Erinnerung an diese Menschen?
- Welchen Menschen wären Sie lieber nie begegnet?
- Wie kultivieren Sie die Erinnerung an diese Menschen?
- Erinnern Sie sich an Sätze, die Ihr Leben verändert haben?
- Was ist Ihr Lebensmotto?
- Wofür schämen Sie sich?

Übungen
- Stellen Sie sich vor, Sie versammeln Menschen, die in Ihrem Leben eine wichtige Rolle gespielt haben, an einer Tafel zu einem Festessen. Wer sitzt wo? Zeichnen Sie einen Plan.
- Sie haben drei Lebensweisheiten, die Sie an die Menschheit weitergeben dürfen. Wie lauten sie? Erstellen Sie eine Reihenfolge.
- Wenn Sie an Katastrophen in Ihrem Leben denken – wer oder was hat Ihnen geholfen, diese zu überstehen? Schreiben Sie einen Dankesbrief.
- Wen können Sie mitten in der Nacht anrufen? Fragen Sie diesen Menschen, was er an Ihnen schätzt.

Mitgefühl

Gefühle ermöglichen und eröffnen Kommunikation unter Menschen. Gefühle bereiten Menschen darauf vor, mit ihrer Umgebung handelnd oder kommunizierend in Kontakt zu treten.[117] Ein wichtiges Gefühl, das Kontakt eröffnet und ermöglicht, ist das Mitgefühl. Menschen sind in der Lage, sich in andere Menschen einzufühlen. Mitgefühl als soziales Gefühl ist in Beziehungen zwischen Menschen wichtig[118] und motiviert zu ethischem Verhalten. Mitgefühl ist damit eine Fähigkeit, die das soziale Miteinander gestaltet und sichert. Dieses soziale Miteinander ist überlebensnotwendig. Daher folgt die Fähigkeit des Mitgefühls direkt auf die Überlegungen zum Menschen als sozialem Wesen.

Mitgefühl ist eine außerordentliche, ja »raffinierte« Fertigkeit des Menschen, die zugleich in alten kortikalen Strukturen angesiedelt ist.[119] Allerdings gibt es Unterschiede zwischen dem Mitgefühl für soziale und psychologische Schmerzen und dem Mitgefühl für physische Schmerzen.[120] Diese enge Verbindung äußert sich auch sprachlich. Empathie empfinden Menschen körperlich und verbalisieren das auch.[121] Unsere Sprache erklärt, dass uns etwas »an die Nieren« oder »zu Herzen« gehen kann.

Die Historikerin Ute Frevert, Direktorin des Max-Planck-Instituts für Bildungsforschung in Berlin, und die Neurowissenschaftlerin und Psychologin Tania Singer, wissenschaftliche Leiterin der Max-Planck-Forschungsgruppe Soziale Neurowissenschaften in Berlin, haben über Empathie und ihre Blockaden geforscht. Sie haben erkannt, dass Spiegelneurone Empathie ermöglichen.

---

117 Vgl. Vaitl et al. 2005, 1.
118 »[…] erst das Angesicht des/der Anderen lässt unverstellte Intimität und Personalität zu und provoziert zugleich Empathie und Solidarität; nur ein ›Ich‹, das sich vom Angesicht des Anderen ansprechen lässt, kann zum *menschlichen* Ich werden.« (Bieler/Gutmann 2008, über Emmanuel Levinas).
119 Vgl. Immordino-Yang et al. 2009, 8024 f.
120 Dies erläutern Mary Hellen Immordino-Yang und ihre Forschungsgruppe. Vgl. Immordino-Yang et al. 2009, 8023.
121 Vgl. Immordino-Yang et al. 2009, 8021.

»Dem Verständnis von Handlungsintentionen anderer Menschen etwa liegt ein ganzes Netzwerk von Gehirnregionen zugrunde. Interessanterweise ist es das gleiche neuronale Netzwerk, das unsere eigenen Handlungsprogramme steuert. Wir nutzen also kortikale Repräsentationen, die unsere eigenen Motorprogramme kodieren, um die Handlungen anderer in uns selbst zu simulieren und somit deren Handlungsintentionen zu verstehen: Wir spiegeln andere in uns. Die Entdeckung dieses sogenannten Spiegelneuronsystems hat eine Welle neuer Forschung inspiriert.«[122]

Empathiefähigkeit ist im Gehirn angelegt, sie kann jedoch unterschiedlich aktiviert und auch blockiert werden. Kontemplation und Meditation aktivieren die Empathiefähigkeit. Tania Singer sagt, dass noch bei Erwachsenen Mitgefühl durch regelmäßige Meditation gestärkt werden könne.[123] Frauen zeigen in Versuchsreihen mehr Empathie als Männer. Die Neurowissenschaftlerin vermutet hier, dass Frauen diese Fähigkeit stärker entwickelt haben, weil sie Kinder bekommen.[124] Empathie und Schadenfreude schließen sich gegenseitig aus. Tania Singer betont: »Wenn Sie im Modus des caring sind, wollen Sie den anderen nicht plattmachen. Im Gegenteil. Mitgefühl möchte das Wohl des anderen vergrößern.«[125]

Wenn Mitgefühl das soziale Miteinander sichert, ist es auf den ersten Blick erstaunlich, dass diese Fähigkeit blockiert werden kann. Von außen betrachtet mag es merkwürdig wirken, dass zutiefst religiöse Menschen mit einem hohen moralischen Anspruch gewaltbereit sein können und scheinbar gefühllos den Tod Andersdenkender in Kauf nehmen oder sogar begrüßen. Doch es ist gerade diese biologische und soziale Angewiesenheit des Menschen auf die Gruppe, die zu Blockaden von Mitgefühl führen kann. Menschen sind nur in der Gruppe überlebensfähig, daher hat

»die Natur es so eingerichtet [...], dass die Bestrafung von Defektoren Genugtuung und Belohnung verschafft. Das gleiche motivationale System, das uns süchtig nach Schokolade oder Wein macht, scheint auch der altruistischen Bestrafung zu unterliegen. Dieser proximale Mechanismus könnte, evolutionär gesehen,

---

122 Frevert/Singer 2011, 134–135.
123 Vgl. Singer 2013, 30.
124 Vgl. Singer 2013, 30.
125 Singer 2013, 30.

dafür sorgen, dass in größeren Gruppen Kooperation trotz Anwesenheit von Egoisten aufrechterhalten bleibt.«[126]

Die Empathiefähigkeit wird blockiert, wenn die Regeln der Gruppe verletzt werden. So empfinden Menschen keine Empathie, wenn andere Menschen verletzt oder bestraft werden, die sich – scheinbar – unfair oder regelverletzend verhalten haben. Daraus erklärt sich auch, wieso sensible Lebewesen wie Menschen in der Lage sind, öffentlichen Hinrichtungen oder Bestrafungen beizuwohnen.[127]

Helfen ist deshalb nicht »selbstverständlich« – im Gegenteil! Sobald eine Regel oder ein andersgerichtetes Interesse der Empathie und dem damit verbundenen Impuls zu helfen im Weg stehen, können Menschen durchaus der Regel oder dem eigenen Interesse dem Vorzug vor der Menschlichkeit geben. Offenbar erscheint die Belohnung, etwa für eine pünktliche Ankunft, dann erstrebenswerter, als einem Mitmenschen zu helfen.

Die Sozialpsychologen John M. Darley und Daniel Batson haben das in einem Versuch gezeigt, der die geschilderten neurowissenschaftlichen Ergebnisse aus sozialpsychologischer Perspektive unterstützt. In ihrem Versuch nehmen Darley und Batson ausdrücklich Bezug auf das Gleichnis vom barmherzigen Samariter.[128] Studierende der Theologie wurden zunächst mithilfe eines Fragebogens im Blick auf ihre religiösen Normen eingeordnet, dann bekamen sie Aufgaben. Eine Gruppe sollte ein Referat über den barmherzigen Samariter vorbereiten, eine andere über berufliche Fragen nachdenken. Schließlich mussten die Studierenden zur Erledigung der Aufgaben einen Hof überqueren und hatten dabei unterschiedliche Vorgaben: 1. Große Eile sei geboten; 2. viel Zeit stehe zur Verfügung bzw. man sei gut in der Zeit. Auf ihrem Weg kamen sie an einem notleidenden Menschen vorbei. Dabei stellte sich heraus, dass die Beschäftigung mit der Geschichte vom barmherzigen Samariter keineswegs signifikant dazu beigetragen hatte, die Studierenden hilfsbereiter werden zu lassen. Vielmehr war das entscheidende Kriterium der Zeitdruck.

---

126 Frevert/Singer 2011, 141.
127 Vgl. Frevert/Singer 2011, 138–142.
128 Darley/Batson 1973, 100–108.

Homiletische Anregungen

Die neurowissenschaftlichen Beobachtungen zur Blockade von Mitgefühl sind – konvergierend mit Forschungsergebnissen aus der sozialpsychologischen Perspektive zum Thema – eine wichtige neue Erkenntnis, die vor allem für die Predigt über ethische Themen relevant ist. Moralische Appelle, die lediglich auf der rationalen Ebene argumentieren, sind offenbar wenig geeignet, um Menschen zu Verhaltensänderungen zu motivieren. Im Gegenteil. Menschen werden immer die (frustrierende) Erfahrung machen, dass sie aus ihnen unerklärlichen Gründen gerade nicht wie der barmherzige Samariter handeln, obwohl sie sich das eigentlich vorgenommen hatten. Hier kann die Predigt aufklärend sein und kreativ ihre Möglichkeiten nutzen: Sie kann die Problematik erläutern und den Hörenden erklären, welche Auswirkungen neuronale Prozesse haben. Sie kann meditative Elemente aufnehmen und so die Fähigkeit stärken, Mitgefühl zu empfinden. Sie kann humorvoll schildern, wie Menschen sich von vorgeblich dringenden Aufgaben oder wichtigen Regeln vom tatsächlich Wichtigen ablenken lassen. So können Menschen angeregt werden, ihr eigenes Verhalten aus einer humorvollen Distanz zu betrachten. Schließlich können Predigende auch versuchen – unter Verzicht auf jeden Moralismus –, essayistisch zu schildern, was an diesem Dilemma für sie ganz persönlich erschreckend und verletzend ist.

Annette Kurschus, Präses der Evangelischen Kirche in Westfalen, kann in ihrer Predigt zum Gottesdienst an Heiligabend 2018, unter Verzicht auf jeglichen moralischen Appell, Mitgefühl mit Geflüchteten wecken. Sie nutzt die Fähigkeit von Menschen, sich in andere einzufühlen, und knüpft an sensorische Erfahrungen an. Alle Menschen haben eine Haut, und alle Menschen wissen, wie unangenehm sich Kälte und Nässe auf der Haut anfühlen können. Die meisten Menschen kennen auch die Redewendung, dass man »nicht in der Haut« eines bestimmten Menschen stecken möchte. So gelingt ihr eine Predigt, die buchstäblich »unter die Haut geht«:

»In deiner Haut möchte ich nicht stecken«, sagen wir manchmal. Eine Redensart. Man sagt das so. Und es sagt sich leicht. Bisweilen reicht ein einziger Blick, der es deutlicher sagt als alle Worte: »In deiner Haut möchte ich nicht stecken.«

Und es stimmt ja: Wer wollte zum Beispiel tauschen mit den Unzähligen, die auch in dieser Nacht im Freien schlafen, weil sie ohne Obdach sind? Oder mit den Menschen auf der Flucht vor Hunger und Gewalt, Krieg und Ausbeutung? Weit weg von ihrer Heimat – und weit weg von einem wohligen Weihnachtsgefühl? Uns allen werden Menschen einfallen, von denen wir insgeheim denken: »In deiner Haut möchte ich nicht stecken!«

Menschen, denen das jubelnde »Ehre sei Gott in der Höhe« vermutlich schwer über die Lippen geht oder ganz im Hals stecken bleibt. Menschen, die von Heil und Frieden auf Erden wenig zu spüren bekommen …

Wer wollte schon in der Haut der Hirten stecken, unter regennassem Mantel, nachts auf dem Feld, allein mit sich und den Tieren und allerlei dunklen Nachtgedanken. Wer wollte schon in der Haut von Maria und Josef stecken, politische Migranten, verzweifelt schwanger, auf der Suche nach Herberge im Irgendwo. Wer wollte schon in der Haut des neugeborenen Kindes stecken, in einer Krippe im pieksenden Stroh, zwischen Ochs und Esel. Wer wollte schon Weihnachten feiern unter den schäbigen Bedingungen dieser Heiligen Nacht?

Und doch ereignet sie sich, die Heilige Nacht. Erst recht und einzig und ausgerechnet in diesem Moment. Erst recht und einzig und ausgerechnet unter denen, mit denen niemand tauschen will. Gerade da entfaltet sie ihre geheimnisvoll verzaubernde, ihre wundersam verwandelnde Kraft. Gott wählt eine Stalltür, einen Spalt breit geöffnet; er findet den Schlupfwinkel zwischen Heu und Stroh, um in unser Leben einzuziehen. Im Krippenkind, diesem schutzbedürftigen und verwundbaren Geschöpf, kommt Gott ins Menschenleben, wohnt sich unter uns ein, fühlt uns unter die Haut. Gott kommt uns nah und macht sich uns Menschen gleich, erkennbar und liebevoll, berührbar und verletzlich – um uns eines ins Herz zu legen: *Fürchte dich nicht! Siehe, ich verkündige euch große Freude.*

Das ist mehr als ein besonderer Augenblick.
  Mehr als ein rührender Weihnachtsmoment.
  Es ist ein Ereignis, das die ganze Welt erschüttert und auf den Kopf stellt.
  Genauer gesagt: Vom Kopf auf die Füße.
  Gott will in unserer Haut stecken. Auch in meiner Haut – egal, wie ich an diesem Heiligen Abend dran bin und was mich beschäftigen mag. Er will in der Haut derer stecken, in deren Haut kein anderer stecken mag.
  Das geht buchstäblich unter die Haut […][129]

---

129 Annette Kurschus, »Der Weihnachtsmoment – Wenn aus Furcht Vertrauen wird«, Evangelische Christvesper aus Haus Kemnade, Hattingen. Evangelische Kirche im WDR. Sendedatum: 24. Dezember 2018 (https://www.kirche-im-wdr.de/uploads/tx_krrprogram/45489_Christvesper2018Predigtdocx.pdf. Zugriff 20.8.2019).

Die Kurze Form der Predigt ermutigt dazu, ein Thema nicht umfassend darzustellen, sondern stattdessen pointiert aus verschiedenen Blickwinkeln zu behandeln. In der Kurzen Form können diese Perspektiven besonders konzentriert und prägnant wirken: Im Blick auf den interreligiösen Dialog regen die neurowissenschaftlichen Beobachtungen Predigende an, auf hilflose Empörung zu verzichten und stattdessen danach zu fragen, wie es gelingen kann, dass Menschen über die Regeln ihrer Gruppe neu nachdenken. Die Predigt wird auch die prophetische Aufgabe wahrnehmen können, aufmerksam zu sein und zu reagieren, wenn versucht wird, Einzelne oder ganze gesellschaftliche Gruppen zu diffamieren mit dem Ziel, sie in der Gesellschaft zu isolieren und zu schädigen. Im Kirchenjahr wird die Predigt zum Karfreitag neue Impulse gewinnen. Den Hörenden kann deutlich werden, dass Jesus aus der Perspektive seiner Zeitgenossen zentrale Regeln der Gruppe verletzt und deshalb deren Ansicht nach den Tod verdient hat.

! *Praktische Anregungen*
Fragen
- Weinen Sie manchmal bei Filmen? Wenn ja – bei welchen Szenen?
- Wann war jemand barmherzig mit Ihnen?
- Wenn Sie von einer Katastrophe erfahren – geht sie Ihnen näher, wenn Deutsche betroffen sind?
- Wann haben Sie sich schon einmal darüber gefreut, dass es einem Menschen schlecht geht? Warum?
- Haben Sie Kinder? Wenn ja – waren Sie zu ihnen auch einmal unbarmherzig?
- Stellen Sie sich vor, Sie könnten sich eine Person der Geschichte oder der Bibel als Mitbewohnerin oder Mitbewohner aussuchen – welche wäre es?
- Haben Sie in Ihrem Leben schon einmal Hass empfunden?

Übungen
- Sie haben drei Wünsche frei, um Ihre soziale Kompetenz zu verbessern – was wünschen Sie sich? Überlegen Sie, wie Ihre Wünsche in Erfüllung gehen könnten.
- Von welcher biblischen Figur würden Sie sich gern beraten lassen?

Schreiben Sie Ihre Frage oder Ihre Fragen auf. Was, glauben Sie, antwortet die Person? Möchten Sie diesen Ratschlag umsetzen?
- Wann waren und sind Sie in Ihrem Leben sozial? Erstellen Sie eine Liste.

Kontext

Menschliches Leben ereignet sich in einem Kontext – im Kontext der Umwelt, im Kontext der Beziehungen zu anderen Menschen, im Kontext eines Raums, im Kontext des eigenen Leibes. Ergebnisse der Psychologie, Pädagogik und Neurowissenschaften beschreiben dies aus ihrer jeweiligen Perspektive. »Wir nennen diese Beziehung ›Embodiment‹. Intelligentes Denken findet immer in einem dichten Geflecht von Bezügen statt, ist eingebettet in einen Kontext.«[130] Dieser Kontext überschreitet die Grenzen der eigenen Haut. Es gibt einen starken Bezug zwischen Raum- und episodischem bzw. Faktengedächtnis. Die Gedächtnisforschung kennt aus pädagogischer und sozialpsychologischer Perspektive kontextabhängiges und kontextunabhängiges Lernen. Dabei wird Kontext als die Umgebungssituation verstanden, die den relevanten Reiz umgibt, z. B. der räumlichen Umgebung.

Der Leib des Menschen begrenzt den Menschen hin zu seinem Kontext, öffnet ihn jedoch zugleich zu seinen sozialen und räumlichen Kontexten hin, indem er sie sinnlich wahrnimmt oder imaginiert. Thomas Fuchs vertritt aus phänomenologischer (und damit explizit nicht objektivierender) Sicht die These:

»Der menschliche Leib [...] stellt einerseits das natürliche oder ›Ursubjekt‹ dar, andererseits ist er immer schon auf Intersubjektivität hin angelegt, so dass der Mensch ›qua‹ Leib ein natürliches und zugleich ein soziales Subjekt ist.«[131]

Stefan Beck, Professor für Europäische Ethnologie an der Humboldt-Universität zu Berlin, betont, dass Menschen dabei in der Lage sind, auch abwesende Dinge und Menschen sowie abstrakte Zusammenhänge in ihre Überlegungen einzukalkulieren. Ihr Körper dient dabei

---

130 Tschacher 2010, 14.
131 T. Fuchs 2013, 13.

als Wissens- und Erfahrungsspeicher *(embodiment)*.[132] Beck fordert eine »soziogenetische«[133] Dimension als Erweiterung des Konzepts des Embodiment, das soziale und kulturwissenschaftliche Perspektiven miteinbezieht.

Der räumliche Kontext spielt nach neueren neurobiologischen Forschungen eine enorme Rolle für das, was langfristig assoziiert bzw. erinnert wird. Für das Gedächtnis und andere Leistungen wie Kreativität ist die besondere Rolle des Kontextes bekannt, der wesentlich zur Verarbeitung des Gehörten beiträgt.[134] Zur leiblichen Erfahrung gehört der Raum, in dem sich der Mensch befindet.[135] Menschen erinnern in ihrem Leib auch die Erfahrung, wie es ist, in einem Raum zu sein. Räume können aufregend sein, Geborgenheit vermitteln, aber auch distanzierend wirken oder gar Unwohlsein hervorrufen, z. B. wenn sie unaufgeräumt und lieblos oder milieuverengt (»gemütlich«[136]) eingerichtet sind.

Homiletische Anregungen

Sowohl der naturalistische als auch der mentalistische Reduktionismus nehmen den Menschen in seiner besonderen geisterfüllten Leiblichkeit nicht ausreichend wahr. Menschliches Leben ist Leben in Kontexten. Auch das Gehirn ist dadurch gekennzeichnet, dass seine Areale untereinander vernetzt sind und »das Gehirn mit dem Körper und der Umwelt vielfältig interagiert.«[137]

Die Predigt ereignet sich in einem Kontext. Raumeindrücke verbinden sich im Gehirn mit der Botschaft der Predigt und beeinflussen die Erinnerung. Der Kontext, in dem eine Predigt gehört wird, ist also entscheidend. Das gilt auch für den Kontext Kirchenraum:

»Der evangelische Kirchenraum bleibt bei aller Varianz auf das Kreuz und die Bibel ausgerichtet und markiert schon vor dem liturgischen Gebrauch, aber nicht unabhängig von ihm, die Heiligkeit des Raums, seine Ausrichtung und Bezogen-

---

132 Vgl. Beck 2013, 207–208.
133 Beck 2013, 208.
134 Hinweis von Prof. Dr. Andreas Draguhn, Heidelberg.
135 Vgl. T. Fuchs 2012, 104.
136 Vgl. Schulz 2010, 283–299.
137 Draguhn 2013c, 56.

heit auf das Wort Gottes und das Heilsgeschehen. Die erstaunlichen Erfahrungen der zahlreichen offenen Kirchen bestätigen die Sehnsucht vieler Menschen nach besonderen Räumen und ihren spirituellen Botschaften.«[138]

Mag sein, dass es den Gottesdienstteilnehmenden nicht bewusst ist, doch es wird die Erfahrung des Gottesdienstes beeinflussen, wenn im Chorraum die überzähligen Stühle vom Gemeindehaus gelagert werden und auf dem Altar Plastikblumen ihr Dasein fristen. Sogar das Beziehungsgeschehen zwischen Gott und Mensch wird als räumliches Ereignis definiert.[139]

Die Kurze Form der Predigt wird gerade wegen ihrer Kürze auf den Kontext des Raums, in dem sie sich ereignet, Rücksicht nehmen müssen. Der Kontext einer Trauerfeier in einer Trauerhalle am Sarg, in deren Verlauf eine kurze Ansprache gehalten wird, ist gänzlich ein anderer als der, in dem ein »Wort zum Tag« im Radio gehört wird. Im Rundfunkbereich haben die Predigenden den Kontext nicht in der Hand. Journalistische Lehrbücher[140] weisen darauf hin, dass Radio »nebenbei« gehört wird, das gilt auch für Radioandachten. Das Konzept des Embodiment hat jedoch gewiss die größten Auswirkungen auf das Verständnis der Predigt.

»Wird Kommunikation als dynamische, wechselseitige Interaktions- und Lernsequenz analysiert, geht dies weit über das auch in der gegenwärtigen Psychologie immer noch wirksame informationstheoretische Paradigma des ›Sendens und Empfangens von Informationen‹ hinaus.«[141]

Zur Leiblichkeit der Predigt gehören die Stimme der Predigerin sowie ihr ganzer Leib und ihr Kontext von Gemeinde, Bibeltext, Welt, Lebens- und Gottesbeziehungen sowie die Hörenden – all das wirkt sich aus!

Alles Organische, aber auch alle Kognition, findet in den biologisch vorgegebenen Dimensionen von Zeit und Raum statt. Es verwundert deshalb auch nicht, dass Menschen Raummetaphern benutzen, um neuronale Vorgänge zu beschreiben. Manchmal umschreiten diese Raummetaphern die ganze Welt, mit Straßen, Ozeanen und Inseln:

---

138 Schwier 2012b, 84–85.
139 So Woydack 2005, 226.
140 Z. B. von La Roche/Buchholz 2009.
141 Beck 2013, 211.

»Wir herrschen in unserem Erinnerungs- und Vorstellungsvermögen nicht primär über bloße Gegenstandskomplexe, sondern über ein ganzes in hohem Maße verstraßtes ›Reich des Geistes‹, in dem sich unter anderem auch sogenannte Einzelgegenstände befinden. Eine ganze Welt, ja ein Ozean von geistigen Bildern und geistigen Abläufen findet in unserem Erinnerungs- und Vorstellungsvermögen Raum«[142].

Prediger sollten sich fragen, welche Bilder in der Predigt diesen Kontext ansprechen. Sprachlich kann die Predigt Horizonte eröffnen und mit den Hörenden innere Räume erkunden – Räume der Erinnerung und Räume des Textes. Die Predigt nimmt die Leiblichkeit des Menschen ernst, wenn sie Sprachbilder benutzt, die Menschen helfen, diese Räume zu betreten. Mnemotechniken arbeiten mit Raumeindrücken und nutzen die neuronalen Verknüpfungen aus.

Der kognitive Psychobiologe und Professor für Psychologie in Montreal Donald O. Hebb erforschte die nach ihm benannte »Hebb'sche Regel«.

»Diese sogenannte ›Hebb'sche Regel‹, die bis heute ein wichtiges Konzept in der Gedächtnisforschung ist, beschreibt, dass im Gehirn Assoziationen gespeichert werden. So lassen sich die Assoziation des Bildes einer Rose mit ihrem Geruch oder die des Bildes eines Menschen mit den schönen – oder weniger schönen – Erlebnissen, die man mit ihm hatte, tatsächlich durch die Hebb'sche Regel erklären. Gleichzeitige Aktivität von Nervenzellen, die beispielsweise auf Geruch und Bild reagieren, führt dazu, dass die entsprechenden Zellensembles fester zusammengebunden werden; am Ende so fest, dass der Geruch allein die gesamte Empfindung der Rose auslösen kann.«[143]

Für die Homiletik fruchtbar ist folgende Überlegung: Wenn ein Bild beschrieben wird, z. B. eine Rose, wird bei vielen Menschen der Sinneseindruck des Dufts einer Rose mit aufgerufen. Homiletisch interessant wird es, wenn diese bekannte Kombination um einen weiteren Aspekt erweitert wird, z. B. einen theologischen Gedanken oder eine biblische Geschichte. Noch besser ist es, wenn diese Ergänzung überraschend und neu ist. Eine solche Mehrfachkombination macht sich das Lied »Maria durch ein Dornwald ging« zunutze, ein beliebtes Weihnachtslied, dessen Popularität sich durch-

---

142 Welker 2013, 67.
143 Korte/Bonhoeffer 2011, 66.

aus durch die geschickte theologische Erweiterung der bekannten Kombination Rose und Dornen ergibt. Wie prägend dieses Lied wirkt, zeigt das bekannte Lied »Lieder« von Adel Tawil, in dem er für ihn wichtige Lieder wie ein Puzzle zusammenfügt. Eine Zeile dieses Liedes lautet: »Im Dornenwald sang Maria für mich.«

Im Blick auf die Kurze Form der Predigt ist anzumerken: Nicht alles muss ausgeführt werden, Andeutungen können reichen, wenn sie überraschend und gut verknüpft sind.

Die Herausforderung der sprachlichen Schönheit nimmt mit der Kürze der Predigt nicht ab – im Gegenteil! Kurze Predigten (wie auch alle anderen literarischen Formen) erfordern eine besondere Präzision[144]. Schon Norbert Lohfink hat darauf hingewiesen, dass die Kurze Form des biblischen Credos »Ein wandernder Aramäer war mein Vater« nicht die Vorform, also ein erster noch nicht ausgereifter Text (wie Gerhard von Rad noch meinte), sondern die ausgereifte späte Form, also der vielfach überarbeitete Text ist.[145] Insgesamt gilt: Die Rede von Gott verträgt »keine handwerkliche Schludrigkeit«[146].

Zur kunstvollen Gestaltung einer Predigt kann auch die Technik des »Priming« zählen. Priming bedeutet, dass ein bestimmter Reiz Erinnerungen aktiviert, weil der Reiz im Gehirn verknüpft ist. Bedeutend für das Gedächtnis ist die Wiederholung durch identische, aber auch durch synonyme Bilder oder Begriffe, die das Gelernte wieder aufrufen.

Semantisches Priming kann Wortfelder und Assoziationen bahnen und das Gehörte einprägsam werden lassen. Ein gutes Beispiel dafür ist der Satz »Nichts ist gut in ...« – ein Leitmotiv aus der Neujahrspredigt von Margot Käßmann 2010. Der Satz »Nichts ist gut in Afghanistan« wurde zum Schlagwort und publizistisch umfassend aufgegriffen.

---

144 Hans Christoph Buch bezeichnet Peters Handkes kurze Aufzeichnungen als »das Beste und Schönste, was derzeit in deutscher Sprache zu lesen ist« (Klappentext zu Peter Handke, Das Gewicht der Welt, Frankfurt 1979). Im Gegensatz zu früheren Annahmen sind die kurzen Bekenntnisformeln des Alten Testaments nicht die ältesten, sondern die elaborierten jüngsten Fassungen.
145 Vgl. Lohfink 1971, 19–39.
146 Schwier 2009, 141.

Wenn Menschen Negatives länger erinnern als Positives, sollte die Predigt dies sprachlich berücksichtigen und verneinende Sätze vermeiden. Negationen prägen sich länger ein als beabsichtigt und können sich vor die frohmachende und tröstliche Botschaft schieben (es sei denn, man möchte, wie Margot Käßmann, dass gerade das Negative, nämlich der Kriegszustand in Afghanistan, erinnert wird).

Attraktiv ist eine schöne und korrekte Sprachgestaltung.[147] Wenn schon Kleinkinder eine Störung der Syntax wahrnehmen, ist zu vermuten, dass solche Fehler auch bei Erwachsenen zu Irritationen beim Zuhören führen.

Analog kann die Predigt den Hörenden durch entsprechende sprachliche Bilder helfen, die Predigt in Erinnerung zu behalten. Als Konsequenz für die Homiletik ist festzuhalten, dass zu viele Bilder verwirren. Die Konzentration auf gut verknüpfte Bilder steigert dagegen die Erinnerung – das ist zugleich die besondere Chance der Kurzen Form, da sie sich konzentrieren muss. Wenn es gelingt, Inhalte mit Sinneseindrücken zu kombinieren, wird die Botschaft besser verstanden, noch besser, wenn sie in den Verlauf einer Geschichte, also eines sprachlichen Weges, eingebunden ist.

! *Praktische Anregungen*
Fragen
- Denken Sie an einen Menschen, den Sie lieb haben. Wissen Sie, wie seine Stimme klingt?
- Wenn Sie an diesen Menschen denken – wo in Ihrem Körper spüren Sie ihn besonders?
- Wie klingt der Ort, an dem Sie sich wohlfühlen?
- Wo spüren Sie es, dass Sie sich an einem Ort unwohl fühlen?
- Wie schmeckt Ihre Kindheit?
- Gibt es einen Ort, an dem Sie sich vollkommen sicher fühlen? Woran merken Sie das?

---

147 So auch Schwier 2009, 135: »Eine gute Predigt ist lebendig und verständlich in der Sprache.«

Übungen
- Denken Sie an die biblische Geschichte, die Sie am meisten fasziniert. Komponieren Sie dazu eine Melodie und/oder gestalten Sie ein nicht-gegenständliches Bild aus passenden Farben. Lassen Sie Bild und Musik auf sich wirken. Was überrascht Sie?
- Sichten Sie Ihre letzten fünf Predigten: Wo finden sich Raummetaphern?

Kommunikation durch Symbole

Der Anthropologe und Verhaltensforscher Michael Tomasello, emeritierter Direktor des Max-Planck-Instituts für evolutionäre Anthropologie, weist darauf hin, dass

»die Entwicklung symbolischer Kommunikation einen evolutionären Fortschritt ums Ganze bedeutet. Die Schaffung einer Möglichkeit der kulturellen Weitergabe von Erfahrungen im Medium der sprachlichen Kommunikation [...] beschleunigt die langsame biologische Evolution mit den Mitteln des Sozialen.«[148]

Sprache und Sinneseindrücke sind eng miteinander verknüpft. Mit fünf Sinnen erfassen wir unsere Umwelt; diese Sinneseindrücke werden in höheren Hirnregionen gemeinsam mit anderen Erfahrungen zu einem Bild der Welt verbunden.[149] Voraussetzung dafür ist, dass eine Verbindung zwischen den Inhalten der Sinneswahrnehmungen und den gemachten Erfahrungen besteht.

Riechen ist der evolutionsgeschichtlich wahrscheinlich älteste Sinn der Tiere; wie kein anderer Sinn ist er mit Kommunikation verbunden.[150] Dieser Sinn hängt jedoch durch kortikale Verbindungen eng mit dem jüngsten Sinn, dem Hören, zusammen. »Hören im engeren Sinne, nämlich das Hören von Luftschall, ist der evolutionshistorisch jüngste unserer Sinne.«[151] Alexander Borst und Benedikt Grothe erklären:

---
148 So Borst/Grothe 2011, 37.
149 Vgl. Borst/Grothe 2011, 37.
150 Borst/Grothe 2011, 44.
151 Borst/Grothe 2011, 41.

»Möglicherweise liegt das daran, dass schon die Kommunikation zwischen Zellen eine der entscheidenden Grundlagen für die Entstehung mehrzelliger Organismen vor vielen hundert Millionen Jahren war. Und so ist es vielleicht kein Zufall, dass auch bei der Partnerwahl, bei der Erkennung von Verwandten und anderen ›Sippenzugehörigen‹ chemische Signale von herausragender Bedeutung sind. Dies schlägt sich in unserer Sprache in dem Ausdruck des ›Sich-riechen-Könnens‹ nieder.«[152]

Wir kennen in der deutschen Sprache auch den Ausdruck »die Chemie stimmt nicht«. In der Großhirnrinde aktivieren Gerüche zahlreiche Regionen, darunter assoziative Areale, in denen auch Informationen anderer Sinne sowie Erinnerungen verarbeitet werden. Diese Erkenntnis macht sich das Marketing zunutze:

»Ob Düfte, Farben oder Geräusche – beim Einkaufen werden alle Sinne angesprochen. Wer von draußen in den Supermarkt kommt, den empfängt oft ein anregender Duft nach frischen Brötchen […]. Das sind erlaubte Marketingstrategien, die Emotionen wecken und das Unbewusste in uns ansprechen […]. Der Duft nach frischem Brot erinnert an die Kindheit […]. Ein Duft, der positive Erinnerungen im Gehirn aktiviert, schaltet […] rationale Barrieren aus.«[153]

Alexander Borst und Benedikt Grothe erläutern:

»Eine der wichtigen Erkenntnisse der letzten Jahre ist, dass unser Cortex hauptsächlich mit sich selbst beschäftigt ist. Das erklärt nicht nur die Existenz so vieler optischer Illusionen, sondern auch, warum manche Leute Farben riechen oder Töne als Farben sehen. Diese Personen nennt man Synästhetiker […]. Es ist aber durchaus plausibel, führt man sich vor Augen, dass sogar die primären sensorischen Zentren des Cortex mehr Input aus anderen kortikalen Arealen als aus der sensorischen Peripherie erhalten. […] Beispielsweise erhält der primäre auditorische cortex, über den alle bewusst wahrgenommene Hörinformation läuft, fast ein Viertel seiner Eingänge aus nichtauditorischen Zentren. Er bekommt Informationen aus Arealen, die primär mit dem Tastsinn oder dem Sehen befasst sind, multimodale Funktionen haben oder mit der Bewegungskontrolle in Zusammenhang gebracht werden. […] Bereits bei wenigen Wochen alten Säuglingen kann man beobachten, dass sie bevorzugt auf Bilder mit Gesichtern blicken, die zu simultan vorgespielten Phonemen passen. Warum sie ›wissen‹, dass das ›oh‹ nicht zu einem Gesicht mit breit gezogenen, sondern mit rund gespitzten Lippen passt, wissen wir noch nicht. Aber diese Verknüpfung von visueller und auditorischer Verarbeitung wird früh angelegt und bleibt zeitlebens erhalten.

---

152 Borst/Grothe 2011, 44.
153 dpa, Zum Geldausgeben verführt, 2013, 26.

[...] Diese Phänomene zeigen uns, dass unser Gehirn aus einzelnen Versatzstücken eine interne Repräsentation der Welt konstruiert, die auf wahrscheinlichen Annahmen und keineswegs auf absoluter Wahrheit basiert.«[154]

Allerdings ist es für ein gutes Gedächtnis ebenfalls wichtig, Eindrücke zu sortieren bzw. sie sogar zu vergessen, wenn sie verwirren.[155]

Homiletische Anregungen

Kulturelle Weitergabe durch sprachliche Kommunikation geschieht explizit in der Religion. Dies gilt auch für die sprachlich-symbolische Kommunikation durch sakramentale Handlungen:

»[...] für Evidenz durch starkes positives emotionales Erleben war durch die rituellen Vollzüge gesorgt. Die sakramentalen Riten und Zusammenkünfte stellten emotional ansprechende Zelebrationen inniger Gemeinschaft dar: einerseits mit Christus, andererseits mit anderen Menschen, die einander zugetan waren. Die Taufe bedeutete in den frühchristlichen Kleingruppen der Hausgemeinden Initiation in eine Gemeinschaft von in der Regel familiär, wenn nicht liebevoll sich Zugewandten.«[156]

Der Hinweis darauf, dass Sinneszellen voneinander Informationen bekommen (Intermodale Verrechnung) kann fruchtbar für die Homiletik sein (vgl. auch die Ausführungen zum Kontext). Für die Homiletik stellt sich die Herausforderung: Wie kann ich Bilder im Kopf entstehen lassen, die die neuronalen Netzwerke aktivieren, sodass Hörerinnen dann das hörend erleben, was ich erzähle? Wie gestalte ich Kasualgottesdienste und Kasualansprachen so, dass eine emotional ansprechende Atmosphäre entsteht? Im Blick auf die Kurze Form im Rundfunk ist mit dem Journalisten und Journalismus-Lehrer Walther von La Roche zu fragen: »Wie setze ich mein Thema so radiophon um, dass er [gemeint ist der Hörer; A.R.] *mit den Ohren sieht?*«[157]

Die Predigt kann sinnliche Wahrnehmungen provozieren, die dabei zugleich andere Sinneswahrnehmungen aktivieren, da die einzelnen Areale im Gehirn, die Sinneswahrnehmungen verarbeiten, nicht direkt, sondern vermittelt über andere Areale aktiviert wer-

---

154 Borst/Grothe 2011, 48–49.
155 Vgl. Korte/Bonhoeffer 2011, 61.
156 Lampe 2006, 128.
157 von La Roche/Buchholz 2009, 12.

den. Gegenüber dem Kino hat die Predigt dabei den Vorteil, dass sie
»in der Zeit« erzählt. Es ist wie bei einem Buch: Ich höre bzw. lese
eine Szene nach der anderen und muss mir das Bild im Kopf dabei
selbst zusammenbauen. Im Kino wirken dagegen sehr viel größere
Informationsgehalte parallel auf das Gehirn ein. Alle Details einer
Kinoszene kann kein Mensch erfassen. Daher ist das Gehirn beim
Lesen oder Hören einer Predigt sehr viel aktiver als bei einem Film –
und das kann sehr spannend sein.[158] Deshalb ziehen viele das Buch
der verfilmten Version vor.

Praktische Anregungen
Fragen
- Wie riechen Menschen, die Sie lieben?
- Wie riechen Menschen, die Sie nicht mögen?
- Welche Farbe hat Ihr Lieblingslied?
- Welche Bibelstelle klingt für Sie am besten?

Übungen
- Kochen Sie ein Gericht, das zu Ihrem Leben passt. Überlegen Sie, ob Sie ein Menü oder ein einzelnes Gericht kochen wollen.
- Laden Sie Menschen zu Ihrem Lebensgericht ein. Feiern Sie ein kleines oder großes Fest. Lassen Sie sich erzählen, was Ihren Gästen zu Ihrem Menü einfällt.
- Sichten Sie Ihre letzten fünf Predigten. Welche Sinneseindrücke werden angesprochen?

Emotion und Lernen

Der Verhaltensphysiologe und ehemalige Direktor des Instituts für Hirnforschung in Bremen, Gerhard Roth, zeigt auf, dass

»niemand einem neuen Stoff für mehr als 5 Minuten konzentriert zuhören kann, und dass das Arbeitsgedächtnis dann Gelegenheit haben muss, ›Atem‹ zu holen, d. h. das Gehörte oder Gelesene vorläufig zusammenzubinden und so ins Zwischengedächtnis abzulegen. Andernfalls ›schiebt‹ die neue Information die alte aus dem Arbeitsgedächtnis heraus«[159].

---
158 Hinweis von Prof. Dr. Andreas Draguhn.
159 Roth 2011.

Dieses »Zusammenbinden« kann durch die Verbindung von Emotionen und Lernstoff geschehen. Ergebnisse aus psychologischer, pädagogischer und neurowissenschaftlicher Perspektive bestätigen übereinstimmend: Menschen lernen besonders gut, wenn sie emotional betroffen sind. Ursache ist

»das limbische System [...], eine Ansammlung von Kernen (wie z. B. der Amygdala) [...] und phylogenetisch alten oder sehr ursprünglichen corticalen Strukturen (wie dem Hippocampus), die im Zusammenspiel die uns bewegenden Emotionen (Trauer, Furcht, Freude etc.) mit (kognitiv-) inhaltlichen Konnotationen verbinden und so Ereignisse zur Einprägung bringen.«[160]

Negative Erfahrungen werden bedauerlicherweise länger erinnert als positive Erfahrungen. Das Gehirn speichert negative Erfahrungen signifikant länger als positive. Evolutionstechnisch hat das sicherlich einen Sinn. Auch wenn Post-hoc-Begründungen sich dem Verdacht der rein hypothetischen Erklärung oder Plausibilisierung des Vorgefundenen aussetzen: Der Mensch, der sich merken konnte, dass Schlangen beißen und Wespen stechen können, hatte sicher größere Überlebenschancen als derjenige, der nur arglos durch den Urwald stolperte oder lediglich die schöne Sommerwiese erinnerte, nicht aber das Wespennest.

Wie stark andere Menschen auf uns einwirken können, hängt auch von der Glaubwürdigkeit ab, die wir ihnen emotional zubilligen.[161] Auch hier sind biologische Faktoren prägend. Gerhard Roth weist auf die Relevanz der Glaubwürdigkeit im Lernprozess hin. Die Amygdala und die limbische Großhirnrinde sind im Gehirn für die Abschätzung von Vertrauenswürdigkeit zuständig, ein Vorgang, der innerhalb weniger Sekunden zu Beginn einer Begegnung oder eines Gesprächs geschieht und darüber entscheidet, ob die Person zu einer Leitfigur und einem Vorbild werden und Menschen prägen kann.[162]

Wichtig für die Wirkung eines Menschen auf andere Menschen ist die Prosodie, die Stimmmelodie:

---

160 Markowitsch/Welzer 2005, 68.
161 Schjoedt et al. 2011, 25.
162 Vgl. Roth 2011.

»Mit dem Begriff der Prosodie wird die Modulation von Tonhöhe, Lautstärke, Sprechrhythmus und Stimmqualität im Verlauf sprachlicher Äußerungen bezeichnet [...]. [P]rosodische Merkmale (spiegeln) auch aktuelle Stimmung und Befindlichkeit [...] eines Menschen wider und tragen in Verbindung mit Gestik und Mimik zum nonverbalen Ausdruck von Emotionen bei.«[163]

»Etwas zugespitzt formuliert umfasst Prosodie alle diejenigen Dimensionen der Lautstruktur verbaler Äußerungen, die nicht ›in Worte gefasst‹ wurden, aber dennoch im Verlauf einer Konversation relevante Informationen vermitteln«[164]

Die Prosodie entscheidet etwa darüber, ob eine Äußerung ironisch oder sarkastisch oder humorvoll gemeint ist.

Männern wird dank ihrer tiefen Stimme eine höhere Glaubwürdigkeit zugebilligt als Frauen, die eine hohe Stimme haben. Das ist ein interessantes Beispiel dafür, wie stark elementar Biologisches als wichtige Bedingung zu beachten ist, da ein physiologisches Merkmal starke Auswirkungen auf die Kommunikation hat, was möglicherweise sogar einen biologischen »Sinn«, d.h. eine phylogenetisch begründbare Funktion hat.[165]

Die Führer radikaler Bewegungen sind zum größten Teil Männer. Das liegt – neben der Vorrangstellung der Männer in patriarchalisch geprägten Systemen und Gesellschaften – so vermutlich auch an der Prosodie[166].

»Klinische und funktionell-bildgebende Befunde deuten darauf hin, dass die rechte Hemisphäre bevorzugt die Tonhöhe [...] auditiver Signale extrahiert und darüber hinaus ein auf tonales Material ausgerichtetes Arbeitsgedächtnis umfasst«[167].

Beide Geschlechter reagieren auf Prosodie unterschiedlich:

»Frauen sprechen auf die emotionalen Informationen der Satzmelodie früher an als Männer [...]. Vermutlich verarbeiten Männer im Gegensatz zu Frauen Wortinhalt und Sprachmelodie zunächst getrennt voneinander und stellen erst danach den

---

163 Ackermann et al. 2004, 449.
164 Ackermann et al. 2004, 450.
165 Hinweis von Prof. Dr. Andreas Draguhn, Heidelberg.
166 »Über diese auf die Gestaltung sprachlicher Konversation bezogenen Aspekte von Prosodie hinaus schlagen sich schließlich auch Sprecheigenschaften wie Alter, Geschlecht und aktuelle Befindlichkeit in sprachlichen Äußerungen nieder.« (Ackermann et al. 2004, 451).
167 Ackermann et al. 2004, 455.

Bezug zwischen beiden her. Für Frauen scheint dagegen die Satzmelodie wichtiger als die Bedeutung der Wörter zu sein und diese im Zweifelsfall zu dominieren.«[168]

Wie wichtig die Prosodie ist, zeigt das Leiden von Menschen, die nach einem rechtshemisphärischen Infarkt nur über eine monotone und unmodulierte Stimme verfügen: »Beeinträchtigungen der Sprachproduktion stellen [...] kein bloß ›kosmetisches‹ Problem dar, sondern können die Kommunikation im Alltag erheblich kompromittieren und auch zur Berufsunfähigkeit führen.«[169] In der Tat ist eine angenehme Stimmführung für Predigende ausgesprochen wichtig, und eine Beeinträchtigung würde die Berufsausübung erschweren, wenn nicht gar verunmöglichen.

Homiletische Anregungen

Die Kurze Form der Predigt kommt den Hörern entgegen. Eine längere Predigt über 15 Minuten[170] muss entsprechend aufgebaut sein und z. B. den Hörenden nach 5 Minuten einen zusammenfassenden Gedanken bieten. Bedeutend für das Gedächtnis ist die Wiederholung, insbesondere auch die innere, durch Erinnern geleistete Wiederholung, indem ein Bild durch eine synonyme Formulierung wieder aufgerufen wird.[171]

Für die Homiletik ergibt sich dank der neurowissenschaftlichen (und der konvergierenden psychologischen und pädagogischen) Ergebnisse die Herausforderung, Geschichten, die mit biografischen Motiven verknüpft werden, so emotional bewegend zu erzählen, dass sie besser im Langzeitgedächtnis abgespeichert werden können.[172]

---

168 Friedrici 2003, 45.
169 Ackermann et al. 2004, 452.
170 Helmut Schwier hält den Zeitrahmen von 15 Minuten für maximal in einem normalen Gemeindegottesdienst. Vgl. Schwier 2009, 135.
171 Hinweis von Prof. Dr. Andreas Draguhn, Heidelberg.
172 Wolfgang Drechsel beobachtet, dass »in faktisch allen Protokollen, Fallberichten etc. die Seelsorgepartner sich über Lebens-Geschichten bzw. Lebens-Geschichtliches darstellen. Sei es in breiten Erzählungen oder in Randbemerkungen; sei es in eigenen Erinnerungen oder im Reden über andere, zu denen ja immer auch ein biographischer Bezug besteht; sei es im Reden über das, was ich gestern gemacht habe, oder über die Konflikte mit dem Ehepartner, oder über die Trauer, oder über ›mein Leben‹ anlässlich eines runden Geburtstages; sei es beim Kasualgespräch, Neuzugezogenen-

Selbst ethische Themen sind offensichtlich in der Lage, für eine Dopaminausschüttung zu sorgen, wenn sie in Bezug zur Lebenswirklichkeit von Menschen gesetzt werden. »Eine gute Predigt verbindet die Auslegung der Bibel mit einem erkennbaren Lebensbezug.«[173] Es gibt kein Gedächtnis ohne emotionale Beteiligung.

Auch Jesus von Nazareth hat um die Bedeutung des emotionalen Lernens gewusst:

> »Evidenz durch sinnliches Wahrnehmen und durch emotionales Erleben stellte sich dadurch ein, dass der Nazarener das praktizierte, was er predigte: Er selbst wandte sich Verlorenen, Verachteten, gesellschaftlichen Außenseitern, Unreinen und Kranken zu, aß mit ihnen, wirkte als Charismatiker (wie auch immer erklärbare, historisch freilich gut belegte) Heilungen an ihren Psychen und Körpern, setzte sich souverän über menschliche Standesgrenzen hinweg und verkündete gleichzeitig, dass in diesem Tun Gott selbst am Werke sei und keimhaft sein neues Reich aufzurichten begänne […]. Hier wurde sinnlich im Kleinen erfahrbar, mit Freuden erlebbar und mit Händen greifbar, was als Großes erwartet werden durfte.«[174]

Emotionale Nähe kann selbst durch religiöse Handlungen hervorgerufen werden, deren Inhalte von den Menschen nicht genau verstanden werden, weil sie die Sprache, in der die Handlung vollzogen wird, nicht oder nur unzureichend verstehen. Möglicherweise wirkt die Handlung deshalb sogar verstärkt faszinierend oder gar magisch.[175] Ein Beispiel hierfür ist der vorkonziliare Ritus in lateinischer Sprache, der von Papst Benedikt XVI 2007 wieder zugelassen wurde.

Wenn Glaubwürdigkeit sich in wenigen Sekunden nach Gesprächsbeginn entscheidet, ist es außerordentlich wichtig, wie das Gespräch mit der Gemeinde begonnen wird. Zumal wenn dieses Gespräch als

---

    besuch, am ›Stammtisch‹ oder auf dem Parkplatz hinter dem Supermarkt – durchgehend tauchen Lebensgeschichten auf, zumeist in kleinen Formen als mehr oder weniger ausführliche Erzählung.« (Drechsel 2002, 49).
173 Schwier 2009, 135.
174 Lampe 2006, 152.
175 Das Zauberwort »Hokuspokus« ist vermutlich das missgehörte »hoc est corpus meum« der lateinischen Messe, das vom Priester während der Wandlung gemurmelt wird.

»die grundlegende, wirklichkeitsschaffende wie wirklichkeitserschließende Dialogaufnahme Gottes«[176] verstanden wird.

Geschickte Predigerinnen beginnen mit einem Witz und wissen genau, dass sie damit ihre Hörer für sich einnehmen.

»In allen Untersuchungen wurde der Befund bestätigt, dass der Eindruck der Hörenden bereits in den ersten Minuten einer Predigt bestimmt wird. Daher ist der Gestaltung des Predigteinstiegs besondere Sorgfalt zu widmen, um viele zum Hinhören zu motivieren.«[177]

Der Kurzen Form steht insgesamt nur die Zeit zur Verfügung, die bei anderen Predigten für den Predigteinstieg reserviert werden kann: die »ersten Minuten«. Sie hat wenig Chancen, diesen ersten Eindruck noch zu verändern, bzw. sieht sich in der Herausforderung, diesen ersten Eindruck ansprechend zu gestalten.

Die Kurze Form kann die emotionale Ebene z. B. dadurch herstellen, dass sie von eigenen Erfahrungen erzählt, von dem, was die Predigenden ganz persönlich betroffen hat. Die Kurze Form hat dabei die Chance, dies in konzentrierter Form zu tun und dabei zu vermeiden, dass die Predigt emotional »überladen« wirkt.

! *Praktische Anregungen*
Fragen
- Wem hören Sie gerne zu?
- Worüber lachen Sie gerne?
- Was finden Sie überhaupt nicht witzig? Und warum?
- Wie überspielen Sie es, wenn Sie etwas nicht verstehen?
- Haben Sie sich schon einmal in einem fremden Land mit Händen und Füßen verständigen müssen? Wieso gelang oder misslang die Kommunikation?
- Kennen Sie einen Menschen, der an Demenz leidet? Wie kommunizieren Sie mit diesem Menschen?
- Haben Sie in Ihrem Leben schon einmal einen schlechten ersten Eindruck revidiert? Wenn ja – warum? Wie lange dauerte es?
- Haben Sie in Ihrem Leben schon einmal einen guten ersten Eindruck revidiert? Wenn ja – warum? Wie lange dauerte diese Revision?

---

176 Gall/Schwier 2013, 243.
177 Gall/Schwier 2013, 241.

Übungen
- Schreiben Sie drei Witze auf, die Sie wirklich lustig finden. Erzählen Sie diese Witze einem oder mehreren Menschen Ihrer Wahl. Finden Sie Resonanz?
- Gibt es ein Lied, das Sie mögen, obwohl Sie den Text nicht verstehen? Übersetzen Sie den Text. Mögen Sie das Lied immer noch? Wenn nicht: Warum haben Sie es vorher gemocht?
- Erinnern Sie sich an ein negatives Ereignis der letzten Woche. Erinnern Sie sich an ein positives Ereignis der letzten Woche. Welche Erinnerung kam schneller – die positive oder die negative?

Zusammenfassung

Die sechs beispielhaft angeführten Bereichen zeigen, inwiefern neurowissenschaftliche Beschreibungen in Verbindung mit psychologischen und pädagogischen Perspektiven wesentliche Ergänzungen oder ganz neue Erkenntnisse bieten, die für homiletische Überlegungen fruchtbar ausgewertet werden können. Überlegungen zur Selbstbelohnung des Menschen, zu seiner Existenz als soziales Wesen, zu Mitgefühl, zum Kontext, zur Kommunikation durch Symbole und schließlich zur Bedeutung von Emotionen für das Lernen inspirieren die Homiletik.

Das Belohnungssystem des Menschen lässt einleuchten, warum Menschen sich mit dem Status quo nicht zufriedengeben. Das wirft ein neues Licht auf systematisch-theologische Themen und biblische Erzählungen und erklärt, warum moralische Appelle an die Vernunft scheitern können.

Wenn breite Netzwerke im Gehirn aktiviert sind, werden Menschen aufmerksam. Weil dies bei einem Witz geschieht, mögen Menschen witzige Geschichten und hören gern Witzen zu. Das erklärt den Erfolg von Witzen in der Predigt bzw. von humorvollen Predigten. Predigende, die ihre Predigten mit einem Witz beginnen, wissen genau, dass sie damit ihre Hörerinnen für sich einnehmen.

Eine Predigt kann von Hörenden als Belohnung eingestuft werden und eine Dopaminausschüttung provozieren. Dies geschieht etwa, wenn die Predigt »Bilder im Kopf« entstehen lässt, überraschend anders ist und Hinweise bietet, die Menschen für sich als

Lebensgewinn einstufen, sie also einen Hörgenuss bietet und damit eine Art »höherer Belohnung« darstellt.

Menschen sind nur in einem sozialen Kontext überlebensfähig und können nur als soziale Wesen wesentliche sensorische und sprachliche Fähigkeiten ausbilden. Isoliertes Leben ist nicht möglich. Auch die Theologie beschreibt den Menschen als Gegenüber und gibt Hinweise, wie das soziale Leben gestaltet werden kann. In einer Predigt kann dies entfaltet werden. Die predigende Person kann dabei berücksichtigen, was notwendig ist, um Menschen zu einer Verhaltensänderung zu bewegen. Sie wird etwa zeigen, dass Regeln das Leben interessanter gestalten – jedes Spiel ist schließlich auch nur dank der Regeln spannend. In der Predigt ist es möglich, überraschend und spannend zu erzählen, wie Beziehungsmuster entdeckt und entwickelt werden. Kasualpredigten begleiten Knotenpunkte menschlichen Zusammenlebens und können durch das Aktivieren positiver Erinnerungen Menschen helfen, ihr Leben zu gestalten und selbst traurige Ereignisse zu überstehen sowie traumatische Situationen zu verarbeiten und Selbstheilungskräfte zu stärken.

Wichtige Erkenntnisse und Sichtweisen auf menschliches Verhalten bieten die geschilderten Beobachtungen zur Blockade von Mitgefühl. Vor allem für Predigten über ethische Themen ist dies relevant. Die Predigt kann erläutern, warum Menschen immer wieder erleben, dass sie selbst oder andere Menschen nicht mitfühlend empfinden und handeln. Zugleich gibt sie Hinweise darauf, wie die Fähigkeit zum Mitgefühl gestärkt werden kann, oder kann performativ als meditative Predigt selbst so wirken. Gesellschaftliche Relevanz hat die Predigt, wenn sie aufmerksam ist für menschenverachtende Tendenzen. Dies ist etwa dann der Fall, wenn gesellschaftliche Gruppen als Gegner markiert werden sollen, um sie anschließend gefahrlos beschädigen zu können, weil die Gemeinschaft Gegner nicht als zugehörig begreift.

Menschliches Leben ist Leben in Kontexten. Alles Organische findet in den vorgegebenen Dimensionen von Zeit und Raum statt. Auch die Areale des Gehirns sind untereinander vernetzt. Deshalb wirken sich der Leib des/der Predigenden, die Stimme, sein/ihr Kontext von Gemeinde, Bibeltext, Welt, Lebens- und Gottesbeziehungen und die Hörenden auf das Predigtgeschehen aus. Raumeindrücke verbinden sich im Gehirn mit der Botschaft der Predigt. Eine Kasualansprache in der Trauerhalle oder ein Gottesdienst unter freiem Himmel etwa wird den Kontext besonders beachten müssen.

Es verwundert deshalb auch nicht, dass Menschen Raummetaphern benutzen, um neuronale Vorgänge zu beschreiben, wobei sich die Kurze Form der Predigt auf ein Raum-Bild beschränken sollte, um nicht zu verwirren. Sprache kann den Hörenden innere Räume eröffnen und Menschen durch ihre Bilder helfen, diese Räume zu betreten.

Für die Homiletik besteht die Herausforderung: Wie kann ich Bilder im Kopf entstehen lassen, die die neuronalen Netzwerke aktivieren, sodass Hörende hörend erleben, was ich erzähle, und »mit den Ohren sehen«?

Wenn es gelingt, Inhalte mit Sinneseindrücken zu kombinieren, wird die Botschaft besser verstanden, noch besser, wenn sie in den Verlauf einer Geschichte, also eines sprachlichen Weges, eingebunden ist. Auf die Stimmigkeit der Bilder und eine schöne Sprache ist dabei zu achten, weil unstimmige Bilder stören. Stimmige Bilder, die verschiedene Sinneseindrücke ansprechen, aktivieren größere Gehirnareale und werden später besser erinnert.

Weil Glaubwürdigkeit sich in wenigen Sekunden nach Gesprächsbeginn entscheidet, ist es außerordentlich wichtig, wie das Gespräch mit der Gemeinde begonnen wird.

Es gibt kein Gedächtnis ohne emotionale Beteiligung. Für die Homiletik ergibt sich dank der neurowissenschaftlichen Ergebnisse die Herausforderung, Geschichten, die mit biografischen Motiven verknüpft werden, so emotional bewegend zu erzählen, dass sie besser im Langzeitgedächtnis abgespeichert werden können. Selbst ethische Themen sind dann offensichtlich in der Lage, für eine Dopaminausschüttung zu sorgen, wenn sie in Bezug zur Lebenswirklichkeit von Menschen gesetzt werden.

Zur kunstvollen Gestaltung einer Predigt kann auch die Technik des »Priming« zählen. Semantisches Priming kann Wortfelder und Assoziationen bahnen und das Gehörte einprägsam werden lassen.

Weil Menschen Negatives länger erinnern als Positives, sollte die Predigt dies sprachlich berücksichtigen und verneinende Sätze vermeiden. Sie prägen sich meist länger ein als beabsichtigt und können sich vor die frohmachende und tröstliche Botschaft schieben – es sei denn, man möchte, wie Margot Käßmann, dass gerade das Negative (nämlich der Kriegszustand in Afghanistan) erinnert wird. Insgesamt zeigt sich, dass die Neurowissenschaften einzelne Randbedingungen und interessante körperlich-biologische Bezüge des Predigterlebens aufweisen können und insofern eine wichtige Ergänzung klassischer Ansätze etwa aus Pädagogik, Psychologie und Theologie sind.

Die geschilderten Ergebnisse ermutigen, die Kurze Form nicht als Einschränkung, sondern als besondere Chance wahrzunehmen, und geben Gestaltungsimpulse. Die Kurze Form der Predigt kommt den Hörenden entgegen, weil Menschen einem neuen Stoff nur 5 Minuten konzentriert zuhören können und das Arbeitsgedächtnis dann Gelegenheit haben muss, das Gehörte oder Gelesene zusammenzubinden. Andernfalls geht das Gehörte verloren und wird nicht erinnert. Wenn es gelingt, einen Überraschungsmoment in der Predigt (und es genügt *ein einzelner* Moment!), der die Neugier der Hörenden weckt, mit emotionalen Faktoren zu verbinden, dann verstärkt sich die Erinnerung an das Gehörte. Bedeutend für das Gedächtnis ist darüber hinaus die Wiederholung. Das muss auch in der Kurzen Form nicht eintönig wirken. Ein sprachliches Bild kann durch eine synonyme Formulierung wiederkehrend vorkommen.

Im Wissen um das Leibgedächtnis des Menschen kann die Kurze Form bewusst Raummetaphern nutzen, um die Erinnerung auch in der Kürze der Zeit zu stärken und zu verankern. Menschliches Gedächtnis ist ein autobiografisches Gedächtnis, Menschen leben in und aus ihrem sozialen Kontext, der ihr Gedächtnis prägt. Die Kurze Form der Predigt hat – wie die Langform – auch eine prophetische Aufgabe und behandelt ethische Themen. Sie kann sich dabei die biblische Kurze Form der Gleichnisse Jesu zum Vorbild nehmen und narrativ kurze Geschichten erzählen, die sich mit ethischen Themen auseinandersetzen und in und durch ihre Kürze und Narration prägnant wirken. Die Kurze Form wird dabei auf moralische Appelle verzichten, weil sie weiß, dass dies nur selten zu Verhaltensänderungen führt. Vielmehr wird sie den Mut haben, ein ethisches Thema nicht umfassend, sondern aus einer ausgewählten Perspektive prägnant zu behandeln. Emotionale Erinnerungen an positive und auch negative Erfahrungen können heilsame Wirkun-

Zusammenfassung

gen entfalten. Die Kurze Form hat hier den Vorteil, dass sie diese Erinnerungen »dosiert« mitteilt und zugleich vermeidet, in der Fülle bedrängend zu wirken.

Sprachliche Bilder helfen dabei, mit den »Ohren zu sehen«. Die Verknüpfung verschiedener Sinneseindrücke (Hebb'sche Regel) erleichtert diesen Effekt und ist in der Kurzen Form gut darstellbar. Die Herausforderung an die sprachliche Schönheit nimmt mit der Kürze der Predigt nicht ab – im Gegenteil! Kurze Predigten erfordern eine besondere Präzision. Ihre Sprache muss prägnant wirken und im Wissen um die Wirkung der Prosodie besonders in der Kurzen Form akustisch angenehm für die Hörenden präsentiert werden. Durch die Kürze der Predigt bleibt kaum Zeit, eine akustisch unangenehme Präsentation durch andere Faktoren aufzuwiegen. Humor ist ein Mittel, das in kurzer Zeit breite Netzwerke im Gehirn aktiviert und die Aufmerksamkeit von Menschen weckt, sodass diese das Hören der Predigt als höhere Belohnung einstufen.

Jesus war ein Meister der Kurzen Form. Deshalb soll es im nächsten Kapitel um die Bedeutung von Gleichnissen für die Kurze Form der Predigt gehen.

4 Anregungen aus der Bibel – Gleichnisse

Es lohnt sich immer, von Meistern zu lernen! Ob es nun die Evangelisten waren oder ob aus ihnen die Stimme Jesu selbst spricht: Gleichnisse sind kleine Meisterwerke! Und beste Vorbilder für die Kurze Form der Predigt. Denn wie ein Essayist beobachten die Verfasser der Gleichnisse ihre Lebenswelt und entscheiden, was sie »besticht«. Es scheint zudem, als wussten die Autoren bestens über neurowissenschaftliche Erkenntnisse Bescheid, denn sie spielen mit der Neugier ihrer Zuhörer, können ihre Emotionen lenken und wissen um die Kraft von Symbolen. Gleichnisse ziehen Menschen in ihren Bann.

Gleichnisse sind eng mit der Person Jesu verbunden – Jesu Handeln und seine Predigt gehören zusammen. Gleichnisse bringen das Gottesreich erzählend zu den Menschen. Wenn sie gehört werden, wird die Nähe Gottes zum Ereignis. Hans Weder betont die einladende Sprache der Gleichnisse, die Menschen so anreden will, dass sie sich zugleich als von Gott angesprochene und geliebte Menschen erkennen.[178] Gleichnisse sind Wissensgewinn, lehren die Freude an der Gnade Gottes und ziehen die Hörenden in ein Sprachspiel[179], in dem sie selbstvergessen spielend das Gottesreich für ihr Leben inszenieren.[180]

So haben Gleichnisse einen eschatologischen Charakter: Sie zeigen die Nähe Gottes, verweisen zugleich auf das Kommen Gottes bzw. realisieren es. Durch die Gleichnisse verstehen Menschen etwas von Gott, und dieses Verständnis verändert ihr Verhalten, sodass sie zu einer neuen Einstellung finden – Gleichnisse haben also eine ethische Dimension. Obwohl die biblischen Gleichnisse aufs Engste mit der Person Jesu und seinem Handeln verbunden sind, sind sie keines-

---

178 Vgl. Weder 1980, 87–88.
179 So auch Klaas Huizing der in den Gleichnissen »jesuanische Sprachspiele« erkennt. Vgl. Huizing 2011, 167.
180 Vgl. Weder 1980, 89–91.

wegs eine Erfindung Jesu. Die rabbinische Erzähltradition schöpft aus denselben Quellen wie die Gleichnisse Jesu, nutzt dasselbe Bild- und Motivmaterial und hat identische erzählerische Grundstrukturen.[181] Allerdings vermitteln Gleichnisse einen authentischen[182] Eindruck davon, wie Jesus zu den Menschen gesprochen hat.[183]

Gleichnisse sind auch deshalb so interessant, weil sie sehr kurz sind: Nur ein Satz etwa im Fall der Gleichnisse vom Schatz im Acker und der Perle! In der ausführlichen Form – etwa im Gleichnis vom verlorenen Sohn – sind sie immer noch kurz im Sinne einer Kurzpredigt: Sie sind gesprochen unter fünf Minuten lang.

Ich betrachte Gleichnisse aus dem Sondergut des Lukas-, Matthäus- und Markusevangeliums hinsichtlich der Aspekte, die Hinweise für die Kurze Form der Predigt bieten können. Dabei werden die Ergebnisse der literaturwissenschaftlichen und der neurowissenschaftlichen Beobachtungen in die Überlegungen miteinbezogen.

Die Gleichnisse vom Schatz im Acker und von der Perle – Matthäus 13,44–45

> 44 Das Himmelreich gleicht einem Schatz, verborgen im Acker, den ein Mensch fand und verbarg; und in seiner Freude geht er hin und verkauft alles, was er hat, und kauft den Acker. 45 Wiederum gleicht das Himmelreich einem Kaufmann, der gute Perlen suchte, 46 und da er eine kostbare Perle fand, ging er hin und verkaufte alles, was er hatte, und kaufte sie. (Mt 13,44–45)

In zwei Sätzen und zwei Bibelversen erzählt Jesus bzw. der Evangelist Matthäus zwei Gleichnisse. In zwei Sätzen eröffnen sich zwei Welten, zugleich werden unterschiedliche Menschen angesprochen, zumindest stammen die handelnden Hauptpersonen aus ganz unterschiedlichen sozialen Schichten. Ein Perlenkaufmann ist vermögend, ein Mann, der einen Acker bestellt, der ihm nicht gehört, eher nicht. So unterschiedlich wie die angesprochenen Milieus sind

---

181 Vgl. Theißen/Merz 1996, 286.
182 Vgl. Theißen/Merz 1996, 303.
183 »die Jesus-Stufe [lässt] sich durchaus unterscheiden […] von der literarischen Ebene des Evangeliums.« (Häfner 2011, 195).

die vorhandenen Parallelen: Das Gleichnis nutzt bekannte Volkserzählungen und erdichtet Geschichten neu. Der Schatz im Acker ist ein bekanntes Motiv, der Perlenkaufmann eine neue Erfindung. Interessant ist nun, wie unterschiedlich diese beiden Sätze interpretiert werden!

Ulrich Luz unterscheidet zwischen Bild- und Sachhälfte und meint, die »beiden Gleichnisse wollen also das menschliche Handeln angesichts der Chance des Himmelreichs einschärfen.«[184] »Die von Matthäus beabsichtigte Applikation der beiden Gleichnisse ist also klar«[185], meint Ulrich Luz – tatsächlich? »Der springende Punkt der beiden Parabeln ist bei Matthäus so klar, daß Jesus sie seinen Jüngern nicht deuten muss«[186] – wenn das stimmt, ist zu fragen, warum die Auslegungsgeschichte dann so vielfältig ist und warum die nach Luz' Meinung zentrale Mahnung zum Verzicht auf den Besitz fast vollständig zugunsten anderer Auslegungen zurücktritt?[187] Luise Schottroff entscheidet:

»Beide Gleichnisse wollen zum Verstehen mit dem Herzen, zum Leben nach Gottes Willen ermutigen. Alles zu verkaufen, was man hat, ist Teil der beiden Geschichten, aber auch die Brücke zur impliziten Gleichniserklärung.«[188]

Doch ist mit »Leben nach Gottes Willen« und »Verstehen mit dem Herzen« dem »radikalen Schritt«[189], den Schottroff selbst sieht, tatsächlich entsprochen? Mir scheint, damit wäre das »über die Maßen Wertvolle«[190] in allzu kleine Münze umgetauscht. Diesem Über-die-Maßen-Wertvollen entspricht die Faszination, die Schatz und Perle auf den Bauern und den Kaufmann ausüben.

Peter Müller zieht Matthäus 6,31–33 zum Vergleich heran und betont die Bedeutung der Gerechtigkeit. Er unterstreicht, dass im Gleichnis vom Schatz im Acker und der Perle dasselbe Verb für »suchen« – $\zeta\eta\tau\acute{\varepsilon}\omega$ – verwendet wird wie in der Bergpredigt. Das

---

184 Luz 1990, 353.
185 Luz 1990, 354.
186 Luz 1990, 356.
187 Vgl. Luz 1990, 356.
188 Schottroff 2007, 272.
189 Schottroff 2007, 272.
190 Vgl. Schottroff 2007, 272.

Verb hat verschiedene Nuancen, kann sowohl das Suchen des Verlorenen als auch die heilige Forderung Gottes meinen.[191]

»Wenn für die Heiden die Sorge um Nahrung und Kleidung im Vordergrund steht, so soll der Christ am ersten nach dem Reiche Gottes und seiner Gerechtigkeit trachten […]. Wie der Perlenhändler auf der Suche nach schönen Perlen (Mt 13,45) einmal auf ein Kleinod stößt, für das er alle anderen hingibt, so soll der Mensch alles auf das eine große Ziel richten und – paulinisch gesprochen – danach trachten, daß er gerechtfertigt werde.«[192]

Im Gleichnis geht es um das Suchen nach der Gerechtigkeit des Reiches Gottes (Mt 6,33).[193] Mit vollem Einsatz und ganzem Herzen sollen Menschen nach dieser Gerechtigkeit, die Jesus in der Bergpredigt verkündet hat, suchen. Wenn Menschen nach Gerechtigkeit und dem Reich Gottes mit aller Intensität suchen, dann wird ihnen alles andere zufallen. Die Geschichte vom Schatz im Acker und der Perle illustriert dieses Suchen in einem Gleichnis. Damit gewinnt es eine eigene Dynamik und innere Spannung: Die Leidenschaft, mit der Menschen nach etwas Kostbarem suchen, wird mit der Leidenschaft für die Gerechtigkeit in Verbindung gebracht. Die Suche nach Gottes Reich ist keine Existenz im Elfenbeinturm, keine weltvergessene Spiritualität, sondern konkretes Tun für andere im Sinne der Bergpredigt. Und die Leidenschaft dafür wird ausgerechnet mit zwei Beispielen illustriert, bei denen Menschen zunächst einmal an sich denken. »Die höchst irdischen Motive der Akteure in diesen Erzählungen liegen zudem auf der Hand«[194]. So ganz legal ist das Handeln des Ackerbauern nicht unbedingt: »Denn der Fund eines Schatzes kann rechtliche Probleme aufwerfen.«[195] Perlenhandel ist auch keine soziale Tätigkeit. Auf der anderen Seite üben Schätze und Perlen eine Faszination auf Menschen aus, die nicht unbedingt selbstverständlich vom Tun des Gerechten ausgeht. Da das Gleichnis zudem völlig auf moralische Wertungen oder Hinweise verzichtet,

---

191 Vgl. Greeven 1959, 894.
192 Greeven 1959, 895–896.
193 Vgl. Müller 2007, 423.
194 Schottroff 2008, 147.
195 Müller 2007, 421. Zur Erklärung der Rechtslage und Parallelen auch Luz 1990, 350–354.

unterstreicht es noch einmal, dass es um die Leidenschaft geht: Mit Leidenschaft wird die Perle gesucht, mit leidenschaftlicher Konsequenz alles verkauft, um Schatz und Perle zu erwerben. Energie wird frei, wenn Menschen etwas anstreben, das sie begehren.

Die beiden kleinen Gleichnisse behaupten sehr kunstvoll, dass Leidenschaft und Glücksrausch mit Gerechtigkeit zusammenhängen. So erweisen sich beide als typisch für das Matthäusevangelium und es erstaunt nicht, dass sie Sondergut des Matthäus sind (mit Parallelen im Thomasevangelium, die allerdings jünger sind[196]). Ihre Kürze unterstreicht die Herausforderung an die Kurze Form der Predigt, diese Verbindung in den ihr gegebenen Grenzen so zu präsentieren, dass Menschen sie für sich entdecken können und Lust daran gewinnen, sich selbst auf die Suche zu begeben – in einer Art und Weise, die ihnen selbst und zugleich anderen guttut. Denn sowohl Ackerbauer als auch Perlenkaufmann tun sich etwas Gutes.

Die neurowissenschaftlichen Beobachtungen leisten einen wichtigen ergänzenden Beitrag für das Verständnis des Gleichnisses. Aus biologischer Perspektive leuchtet ein, warum Kaufmann und Bauer alles einsetzen, um in den Besitz von Perle und Schatz zu kommen. Perle und Schatz gehen über das hinaus, was Kaufmann und Bauer erwartet haben. Eine Belohnung wirkt nur dann, wenn sie über das Erwartete hinausgeht *(prediction error)*.

Darüber hinaus zeigen neurowissenschaftliche Untersuchungen, dass die persönliche Einschätzung, ob etwas erstrebenswert ist oder nicht, sehr von äußeren, etwa sozialen Faktoren beeinflusst ist und die Außenbewertung sogar die Geschmacksnerven betrügen kann! In einer Studie beurteilten die Probanden in einem Geschmacksvergleich den Wein als besser schmeckend, der angeblich wesentlich teurer war – obwohl sie tatsächlich zweimal denselben Wein gekostet hatten.[197] Auch eine Perle ist nicht per se wertvoll, sondern nur dadurch, dass Menschen sie als begehrenswert oder wertvoll *einschätzen*.

Sicherlich ist es bezeichnend, dass in der Auslegungsgeschichte die jeweiligen Predigenden das herausstreichen, was *ihre* Leiden-

---

196 Vgl. dazu Müller 2007, 425. Vgl. auch Luz: »Aus dem hier sekundären Ev-Thom kann man m. E. kaum sichere Schlüsse ziehen.« (Luz 1990, 350).
197 Ariely/Berns 2010, 287.

schaft befeuert, was also das »über die Maßen Wertvolle« für sie ist. So kann Calvin zu der erstaunlichen Auslegung kommen:

»Die beiden Gleichnisse haben das Ziel, dass die Gläubigen das Himmelreich der ganzen Welt voranzustellen lernen und darum sich selbst und allen Lüsten des Fleisches entsagen, damit nichts sie daran hindere, eines solchen Gutes teilhaftig werden zu lassen. Die Ermahnung nun ist uns sehr nützlich, da uns die Lockungen der Welt so sehr fesseln, dass uns darüber das ewige Leben aus den Augen schwindet.«[198]

Auch Entsagung kann offenbar leidenschaftlich geschehen!

Erstaunlich ist, dass das Handeln des *Gerechten* so leidenschaftlich erfolgen kann. Fanatiker haben das schon immer gewusst und leidenschaftlich für ihre Sache gekämpft. Die neurowissenschaftlichen Beobachtungen zum Suchtverhalten könnten verständlich machen, warum Fanatiker rationalen Argumentationen nicht zugänglich sind.

Das Gleichnis von der selbstwachsenden Saat – Markus 4,26–29

26 Und er sprach: Mit dem Reich Gottes ist es so, wie wenn ein Mensch Samen aufs Land wirft 27 und schläft und steht auf, Nacht und Tag; und der Same geht auf und wächst – er weiß nicht wie. 28 Von selbst bringt die Erde Frucht, zuerst den Halm, danach die Ähre, danach den vollen Weizen in der Ähre. 29 Wenn aber die Frucht reif ist, so schickt er alsbald die Sichel hin; denn die Ernte ist da. (Mk 4,26–29)

Wie zeitgebunden Exegese und in der Folge Homiletik sein kann, wird selten so deutlich wie in der Forschungsgeschichte zum Gleichnis von der selbstwachsenden Saat. Gerd Theißen nennt drei Auslegungen im Gefolge von liberaler, dialektischer, hermeneutischer Theologie und mehrere zusätzliche Interpretationen, die den Zusammenhang zwischen Arbeit und Erfolg thematisieren.[199] Dabei hat die liberale Auslegung den Fokus auf die Entwicklung des Reiches Gottes gelegt[200], die dialektische ihren auf den Ausschluss

---

198 Zitiert bei Müller 2007, 427.
199 Theißen 1994, 169.
200 Vgl. Theißen 1994, 169–170.

menschlichen Handelns[201]; der hermeneutische Ansatz konzentriert sich auf die Deutung der Zeit[202], und verschiedene weitere Auslegungen sehen die Erfolgszuversicht des Handelnden[203] als springenden Punkt. Diese ganz unterschiedlichen Ansätze haben eine Parallele in den ebenfalls ganz unterschiedlichen Vorstellungen, wie die Einzelstellung des Gleichnisses zu erklären sei.[204]

Dieses Gleichnis ist Sondergut des Markusevangeliums. Erstaunlicherweise haben Matthäus und Lukas es nicht übernommen, obwohl es mit seinem biblischen Kontext eng zusammenhängt und wahrscheinlich schon in der Markus vorliegenden Quelle mit dem Gleichnis vom Sämann und dem Gleichnis vom Senfkorn verbunden war.[205] Karl-Heinrich Ostmeyer vermutet, dass das Gleichnis deshalb Sondergut des Markus ist, weil Lukas und Matthäus das Gleichnis für austauschbar mit dem Gleichnis vom Sauerteig gehalten und vor diesem Hintergrund dem Gleichnis vom Sauerteig den Vorzug vor dem Gleichnis von der selbstwachsenden Saat gegeben hätten.[206] Tatsächlich weisen die beiden Gleichnisse jedoch einen signifikanten Unterschied auf. Überzeugend ist die Beobachtung, dass im Gegensatz zu den Wachstumsgleichnissen, bei denen der winzige Anfang im Kontrast zu dem überwältigenden Ergebnis steht – während die Zeit dazwischen relativ unwichtig ist –, beim Gleichnis von der selbstwachsenden Saat die Zeit *zwischen* Anfang und Ende wesentlich ist.

Das Gleichnis greift die landwirtschaftliche Bildwelt auf und könnte beim ersten Hören idyllisch wirken, weil auf den ersten Blick die harten Mühen der Landbevölkerung nicht erwähnt werden[207],

---

201 Vgl. Theißen 1994, 170–171. Eine solche Auslegung bietet Wilfried Härle in seiner Deutung des Gleichnisses. »Unsere Sache ist es, das Feld zu bestellen, indem wir ordentlich gutes Saatgut aussäen, und dann, wenn die Ernte reif ist, mitzuhelfen, sie einzubringen. Das dazwischen liegt in Gottes Hand.« (Härle 2012, 117).
202 Vgl. Theißen 1994, 171–172.
203 Vgl. Theißen 1994, 172–173.
204 Vgl. zu den Interpretationsmöglichkeiten auch Lorenz Oberlinner (2011, 197–199), der eine traditionsgeschichtliche Betrachtung bevorzugt.
205 Vgl. dazu Gnilka 1978, 182.
206 Vgl. Ostmeyer 2007, 131.
207 Vgl. Schottroff 2007, 149.

Das Gleichnis von der selbstwachsenden Saat

der Ruf zur Ernte als »Jubelruf«[208] erklingt und Jesus die Königsherrschaft Gottes als »großes Familienfest«[209] ausmalt. Doch ist das Gleichnis der Auftakt zu einem romantischen Erntefest?

Gerade das friedliche Bild musste für die ersten Hörerinnen deutliche politische Anklänge gehabt haben. Denn die Verheißung des Propheten Micha, dass einmal jeder friedlich unter seinem eigenen Weinstock und eigenen Feigenbaum wohnen würde (Mi 4,4), war ja zur Zeit Jesu keineswegs Gegenwart, sondern erhoffte Zukunft; und es gab durchaus Menschen, die ihre Schwerter nicht zu Pflugscharen und ihre Spieße nicht zu Sicheln wandelten (vgl. Mi 4,3), sondern umgekehrt mit ihren zu Waffen umgeschmiedeten Sicheln diese Zukunft beschleunigt in die Gegenwart bringen wollten: »Josephus berichtet von der Widerstandsgruppe der ›Sikarier‹, der Messerträger«[210]. Das Stichwort »Sicheln« dürfte die ersten Hörer auf jeden Fall nicht nur an den Propheten Micha und an seine friedlichen Visionen, sondern auch an den Propheten Joel erinnert haben, dessen apokalyptische Vision des Heiligen Krieges die Sicheln erwähnt, die zu Lanzen geschmiedet werden. Zu dieser Vision passt auch das Stichwort »Ernte«, ebenfalls eine endzeitliche Metapher.

Das idyllische Bild schillert also gewaltig, der Kontext unterstreicht die Brisanz noch. Denn im Anschluss erzählt Markus das Gleichnis vom Senfkorn, das größer wird als alle Gemüsepflanzen und Vögeln Schatten bietet. Die Idee, dies als Ironie gegen ein herrschaftliches Bild zu begreifen, leuchtet mir ein.[211] Wenn »das Bild vom Weltenbaum, in dessen Zweigen die Völker Schutz finden […] verbreitetes imperiales Symbol«[212] ist, wird die Pointe ersichtlich: Aus einer Zeder werden Paläste und Tempel, wohl kaum aber Bauernhütten gezimmert. Ein Senfstrauch dagegen findet vielfache

---

208 Gnilka 1978, 184.
209 Theißen 2006, 348.
210 Dormeyer 2007, 322.
211 Anders Luise Schottroff: »Dass in der Markusfassung der Senfstrauch absichtlich nicht als Baum dargestellt ist, um sich über den großen Weltenbaum der biblischen Tradition lustig zu machen oder das bescheidene Bild der Senfstaude der Größe einer Zeder entgegenzusetzen, ist so nicht überzeugend.« (Schottroff 2007, 151.)
212 Schottroff 2007, 151.

Verwendung in der Ernährung der kleinen Leute. Die ironische Entgegensetzung kann ebenso politisch brisant sein wie Ernte und Sichel im Gleichnis von der selbstwachsenden Saat. Auch hier ist die scheinbare Idylle der Vögel unter den Zweigen trügerisch. Ironie war schon immer ein Mittel des politischen Widerstands.

Gerd Theißen erinnert daran, dass das Wachstum von Bäumen über viele Jahre andauert, während Saat und Ernte von Getreide innerhalb eines Jahres stattfinden. Der Vergleich einer Königsherrschaft mit einem Baum ist also viel naheliegender als der mit Saat und Ernte. »Wenn in der Jesusüberlieferung Saat und Ernte auf das Reich Gottes hin transparent werden, so ist das eine Innovation.«[213] Diese Innovation dürfte den ersten Hörerinnen oder Lesern nicht verborgen geblieben sein – sie werden überrascht aufgemerkt haben.

Möglicherweise ist das automatische Wachsen der Saat, währenddessen der Mensch schläft und wacht, aber auch eine Warnung davor, die Königsherrschaft Gottes gewaltsam herbeizuzwingen, sodass der Jubelruf zur Ernte nur an die ergeht, die das Reich Gottes nicht mit Gewalt herbeizwingen wollen, sondern die Botschaft friedlich aufnehmen.[214] Hassprediger aller religiösen Richtungen rufen ihre Mitglieder auf, das Reich Gottes beschleunigt auf die Welt zu bringen. Predigten über diesen Text können sich dieser Haltung entgegenstellen.

Eine andere Interpretation schlägt Joachim Gnilka vor, der das Intervall zwischen Aussaat und Ernte deutet als »etwas Negatives. Angesprochen sei die Gemeinde, die zwischen den beiden Adventen preisgegeben sei«[215]. Eine nächste Auslegung vermutet eine Nähe zwischen der Jesusbewegung und den Pharisäern in der Frage nach dem Zusammenhang zwischen menschlichem Willen und göttlichem Handeln. Diese Auslegung sieht die Pointe des Gleichnisses im Vertrauen des Sämanns in die Erde. Menschliche Aktivität ist danach nicht ausgeschlossen, sondern wird als spontanes Handeln erwartet.[216] Eine weitere Deutungsmöglichkeit wäre, dass das Gleich-

---

213 Theißen 1994, 175.
214 Vgl. Dormeyer 2007, 184–185.322.
215 Gnilka 1978, 185.
216 Vgl. Theißen 1994, 178.180–182.

nis dazu auffordert, aufmerksam auf den Zeitpunkt zu achten, an dem die Ernte reif und das Reich Gottes mit Sicheln einzubringen ist.

Der Schlaf des Menschen im Gleichnis erscheint mir in seiner Ruhe genauso trügerisch, zumindest schillernd, wie Ernte und Erntesichel und die Interpretationsmöglichkeiten des Gleichnisses.

Das prädikative Adjektiv αὐτομάτη im Zentrum des Gleichnisses in V. 28 »fällt sofort in die Augen«[217]. Gerd Theißen verweist auf die Wortsemantik von αὐτόματος. Gerade nicht die kultivierte, sondern die wildwachsende Pflanze wächst »automatisch«. Die Verwendung des Begriffs im Kontext von Saat und Ernte ist also äußerst ungewöhnlich. Die ersten Zuhörenden dürften das auch sofort bemerkt haben.

Ungewöhnlich ist außerdem die symbolische Verbindung von Saat und Ernte mit einer Gemeinschaft. Die neu entstandene Jesusbewegung konnte sich in dieser Verbindung wiederfinden. Sie erwartete die Ernte des Gottesreiches, dessen Same gerade ausgesät worden war.[218]

Spannungen im Text haben Ausleger immer wieder dazu bewegt, den Text glätten zu wollen.[219] Es ist jedoch zu bedenken, dass diese Spannung bewusst gesetzt sein könnte. Die Bilder, die Jesus hier im Markusevangelium wählt, sind für seine Zuhörenden buchstäblich bestechend.[220]

---

217 Theißen 1994, 168.
218 Vgl. Theißen 2006, 350–351.
219 »Entweder wird das Ende des Gleichnisses als ein sekundärer Zusatz gestrichen. So bei J. Wellhausen mit der viel zitierten Begründung: ›Durch den Bauer guckt der Weltenrichter hervor, der hier nichts zu tun hat.‹ Oder aber der Text gilt an dieser Stelle als überarbeitet. In Anlehnung an Joel 4, 13 sei erst sekundär das Weltgericht eingetragen worden. Neben diese literarkritische tritt eine traditionsgeschichtliche Lösung, die genau das Gegenteil behauptet: Jesus habe die ihm von der Zeit vorgegebene apokalyptische Vorstellung vom Ende bewußt durch den immanenten Entwicklungsgedanken korrigiert.« (Theißen 1994, 170).
220 Vgl. die Ausführungen oben zu »Menschen belohnen sich selbst – Dopamin«, S. 42.

Das Gleichnis vom barmherzigen Samariter – Lukas 10,25–37

25 Und siehe, da stand ein Gesetzeslehrer auf, versuchte ihn und sprach: Meister, was muss ich tun, dass ich das ewige Leben ererbe? 26 Er aber sprach zu ihm: Was steht im Gesetz geschrieben? Was liest du? 27 Er antwortete und sprach: »Du sollst den Herrn, deinen Gott, lieben von ganzem Herzen, von ganzer Seele und mit all deiner Kraft und deinem ganzen Gemüt, und deinen Nächsten wie dich selbst« (5. Mose 6,5; 3. Mose 19,18). 28 Er aber sprach zu ihm: Du hast recht geantwortet; tu das, so wirst du leben. 29 Er aber wollte sich selbst rechtfertigen und sprach zu Jesus: Wer ist denn mein Nächster? 30 Da antwortete Jesus und sprach: Es war ein Mensch, der ging von Jerusalem hinab nach Jericho und fiel unter die Räuber; die zogen ihn aus und schlugen ihn und machten sich davon und ließen ihn halb tot liegen. 31 Es traf sich aber, dass ein Priester dieselbe Straße hinabzog; und als er ihn sah, ging er vorüber. 32 Desgleichen auch ein Levit: Als er zu der Stelle kam und ihn sah, ging er vorüber. 33 Ein Samariter aber, der auf der Reise war, kam dahin; und als er ihn sah, jammerte es ihn; 34 und er ging zu ihm, goss Öl und Wein auf seine Wunden und verband sie ihm, hob ihn auf sein Tier und brachte ihn in eine Herberge und pflegte ihn. 35 Am nächsten Tag zog er zwei Silbergroschen heraus, gab sie dem Wirt und sprach: Pflege ihn; und wenn du mehr ausgibst, will ich dir's bezahlen, wenn ich wiederkomme. 36 Wer von diesen dreien, meinst du, ist der Nächste geworden dem, der unter die Räuber gefallen war? 37 Er sprach: Der die Barmherzigkeit an ihm tat. Da sprach Jesus zu ihm: So geh hin und tu desgleichen! (Lk 10,25–37)

Im Gleichnis vom barmherzigen Samariter fällt auf, dass Jesus bzw. der Evangelist Lukas so erzählt, dass die Menschen seiner Zeit fast gezwungen waren, fasziniert zuzuhören. Dies wird interessanterweise nicht durch eine dramatische Attitüde der Erzählung erreicht – im Gegenteil! Die Geschichte ist wie ein Polizeireport oder ein Zeitungsbericht als nüchtern-distanzierte Darstellung eines Verbrechens und dessen Folgen gestaltet. Es ist eine Geschichte mitten aus dem Leben, in der viele gesellschaftliche Gruppen vorkommen: Ein Wirt, dessen Berufsstand als gewerblicher Wirt wenig geachtet war. Dieser bringt auch ein aufreizendes Moment in die Erzählung. Den ersten Hörenden dieser Geschichte war klar:

»Die Wirtsherbergen galten ferner als Orte des Lasters, denn vom weiblichen Bedienungspersonal wurde allgemein erwartet, dass es auch die sexuellen Wünsche der Gäste erfüllte [...]. Entsprechend standen Wirte in schlechtem Ruf«[221].

Ferner kommen vor: Ein Mann aus Samarien, die aus der Unterschicht stammenden Räuber, ein Priester aus der Oberschicht, ein Levit, der etwas niedriger gestellt ist als ein Priester, und ein sozial nicht näher klassifizierter Mann, dessen Schicksal jeden ereilen konnte, der den Weg von Jerusalem nach Jericho ging[222]. Ob die Strecke wirklich so gefährlich war, wie sie durch die Erzählung erscheint, ist zweifelhaft.[223] So bedenklich es ist, das Gleichnis als Spiegel der Realität zu werten (noch bedenklicher, die Auslegung mit an den Haaren herbeigezogenen Vermutungen[224] zu »bereichern«) – Wertungen und Fantasien, die das Gleichnis auslöst, unterstreichen die Qualität der Erzählung.

Ein Mensch fällt unter die Räuber (möglicherweise waren es zelotische Terroristen[225]). Diese schlagen ihn, rauben ihn aus und lassen ihn halbtot zurück. Schon diese Eingangsszene lässt Menschen neugierig werden – ähnlich dem Verhalten von Gaffern bei Unfällen. Aber auch Leserinnen von Kriminalgeschichten kennen die Frage: Was wird weiter geschehen? Aus neurobiologischer

---

221 Zimmermann 2007, 545.
222 Eine »27 km lange Straße von Jerusalem nach Jericho, die sich zwischen Felsen in die Tiefe hinabwindet, von Josephus (Bell.Jud.IV, 8,3) als ›einsam und felsig‹ beschrieben.« (Wiefel 1988, 210).
223 Karl-Heinrich Ostmeyer weist darauf hin, dass das Gleichnis eine Vorstellung befördert hat, nach der es eine »allgemeine prekäre Sicherheitslage zur Zeit Jesu« auf der Strecke von Jerusalem nach Jericho gegeben habe, was in klarer Spannung zu anderen Quellen steht. Die realistische Erzählung des Gleichnisses hat dazu geführt, dass Exegeten in diesem Gleichnis die tatsächliche Umwelt Jesu gespiegelt sahen und »die Samariterparabel paradigmatisch für die Einschätzung der Sicherheitslage in der Lebenswelt Jesu« wurde (vgl. Ostmeyer 2008, 133).
224 »der Räuber (ist) aus sozialer Not geworden ..., was er ist, weil ihm wahrscheinlich eine Tochter verhungerte.« B. Giehl in seiner Predigtmeditation zur Stelle (13. Sonntag nach Trinitatis. In: E. Domay (Hg.), Gottesdienstpraxis. Arbeitshilfen für die Gestaltung der Gottesdienste im Kirchenjahr. Gottesdienstpraxis Serie A, 1. Perikopenreihe, Bed. 3: Trinitatis bis 14. Sonntag nach Trinitatis, 141–149; zitiert nach Ostmeyer 2008, 134).
225 Evtl. von Raub lebende zelotische Terroristen, vgl. Wiefel 1988, 210.

Perspektive ist anzumerken: Die Eingangsszene evoziert zwei basale Gefühle – Angst und Ekel.[226] Auch wenn noch nicht abschließend geklärt ist, welche Gehirnregionen bei Angst und Ekel aktiviert sind, so kann doch festgehalten werden, dass Angst und Ekel mehrere Gehirnregionen aktivieren.[227] Damit hilft die neurowissenschaftliche Perspektive, zu verstehen, wie es beim Gleichnis vom barmherzigen Samariter möglich ist, in zwei Sätzen die Aufmerksamkeit von Menschen zu gewinnen.

Nun kommen zwei Geistliche vorbei, auf dem Rückweg nach Hause vom Tempeldienst in Jerusalem, den sie wochenweise verrichten. Der Priester sieht jemanden, der halbtot am Weg liegt – vielleicht aber auch tot ist! Der Kontakt mit einem Toten würde ihn nach dem Gesetz unrein machen und ist ihm daher verboten. Priestern ist es untersagt, sich an Leichen zu verunreinigen. Auch wenn der Mann nur halbtot wäre – er könnte dem Priester unter den Händen sterben. In dieser Konfliktsituation entscheidet sich der Priester, ebenso wie später der Levit, für seine kultischen Aufgaben und geht – ganz bewusst – an ihm vorbei. Umstritten ist, ob sie damit vorschriftsmäßig handeln oder nicht, ebenso, ob eine antiklerikale oder kultkritische Spitze erkennbar ist.[228] Jedenfalls handeln Priester und Levit nicht anders, als viele Menschen heute handeln würden – und das, obwohl der barmherzige Samariter inzwischen zum feststehenden Begriff geworden ist. Der Versuch von John M. Darley und Daniel Batson[229] mit Studierenden, der in Kapitel 3 geschildert wurde, beweist das eindrücklich.

---

226 »There is wide agreement amongst emotion researchers that disgust as well as fear belong to the group of basic emotions.« (Vaitl et al. 2005, 2–3).
227 Vgl. Vaitl et al. 2005, 1–4.
228 So Wolfgang Wiefel (1988, 210). Anders Karl-Heinrich Ostmeyer (2008, 133). Ostmeyer weist darauf hin, dass der Levit keine Entschuldigung für sein Nicht-Handeln besitzt, da er auf dem Rückweg vom Tempel war und für ihn weniger strenge Bestimmungen galten als für den Priester. Ostmeyer führt den Gedanken ein, dass Jesus in seiner Erzählung bewusst beiden Männern jede Entschuldigung für ihr Handeln nimmt. Dies wäre eine Zuspitzung des Gleichnisses, die jedoch ebenfalls mit den Untersuchungen von John M. Darley und C. Daniel Batson kompatibel ist, denn auch die Theologiestudenten im Versuch haben keine Entschuldigung für ihr Handeln.
229 Darley/Batson 1973.

Die Reihung – Priester, Levit und Samariter – im Folgenden dürfte kein Zufall sein. Näher gelegen hätte die Reihung Priester, Levit und Israelit. Doch gerade dies wird im Gleichnis verändert und provoziert bei den ersten Zuhörenden wahrscheinlich eine Überraschung. Diese sind damit schon zum dritten Mal (nach der Faszination durch das geschilderte Verbrechen und den Konflikt des Priesters und des Leviten) besonders aktiviert.

Aus neurobiologischer bzw. psychologischer Perspektive ist anzumerken, dass Menschen sich selbst belohnen, auch mit »höheren Belohnungen«, etwa durch Musik[230] oder indem sie einer spannenden Geschichte zuhören. Wenn eine Geschichte reizvoll erzählt wird, erfolgt im Gehirn eine Dopaminausschüttung. Ruben Zimmermann ist der Ansicht, dass die Hörer- oder Leserinnenerwartung durch Auftritt und Handeln des Samariters »jäh enttäuscht«[231] wird: ein *prediction error*. Diese Reize sind für Menschen äußerst relevant. Neben biologischen Substanzen sind abstrakte Reize wie Musik oder Kunst für das Leben von Menschen ebenso wichtig – der Mensch lebt nicht vom Brot allein!

Das Gleichnis setzt an mit einer Gesetzesdiskussion. Doch ist eine juristische Auseinandersetzung tatsächlich das Ziel der Parabel? Ruben Zimmermann sieht das Berührtwerden, die Anteilnahme, das Mit-Leid als narrativen Wendepunkt des Gleichnisses und hermeneutischen Schlüssel für seine Ethik.[232]

Neurobiologische Experimente zeigen, dass eine Erzählung verschiedene Gehirnregionen ansprechen und Mitgefühl auslösen kann. Dank ihrer Spiegelneurone sind Menschen in der Lage, sich in andere Menschen hineinzuversetzen und mitzufühlen. Spiegelneurone ermöglichen Empathie. Allerdings: Empathie und Schadenfreude schließen sich gegenseitig aus. Dies ist eine wichtige neue Information und korrigiert die Vorstellung, dass Appelle an die Menschlichkeit in jeder Situation erfolgversprechend sind. Dieser Hinweis der Neurowissenschaft lässt das Verhalten des Samariters noch erstaunlicher erscheinen, denn der verletzte Mensch im Gleichnis ist für ihn

---

230 Vgl. Salimpoor et al. 2011, 257–259.
231 Zimmermann 2007, 548.
232 Vgl. Zimmermann 2007, 549.

kein Freund, sondern eher ein Feind, zumindest ein gehasster Bruder. Für Juden war der Samaritaner kein Nächster, sondern ein Fremder. Das Gleichnis präsentiert daher eine provozierende Geschichte. Wenn sich Empathie und Schadenfreude gegenseitig ausschließen, wenn der Anblick des fremden anderen in der Amygdala Reaktionen auslöst, dann wird die Herausforderung des Gleichnisses noch einmal unterstrichen: Was das Gleichnis erzählt, das ist eigentlich nicht möglich. Menschen kann man nicht befehlen, sich vom Elend eines Feindes anrühren zu lassen. Dies ist eine wichtige Information der Neurowissenschaften, die eine Pointe des Gleichnisses aus ihrer wissenschaftlichen Perspektive erläutert und sogar unterstreicht. Wenn es trotzdem geschieht, ist das bemerkenswert und ungewöhnlich – bis heute!

Die neurowissenschaftlichen Aussagen helfen wesentlich, dieses Gleichnis besser zu verstehen. Sie zeigen, dass Hilfsbereitschaft durch rationale Argumentationen nicht unbedingt abzurufen ist. Und sie konfrontieren mit der brisanten Information, dass Rassismus biologische Wurzeln hat und nicht durch moralische Appelle, Gesetze oder Argumentationen ein Ende nehmen wird. Allerdings zeigen neurowissenschaftliche Ergebnisse auch, dass dieser Rassismus erlernt wird, also zwar biologische Wurzeln hat, jedoch nicht angeboren ist. Regeln und Gesetze blenden aus, dass es biologische Rahmenbedingungen für Rassismus gibt und Menschen andersfarbige und anders aussehende Menschen als Bedrohung empfinden. Da dieser Rassismus jedoch erlernt ist, ist danach zu fragen, wie Menschen *vor* dem Zeitpunkt rassistischer Prägung lernen können, dass Andersfarbige keine Bedrohung sind bzw. wie Rassismus, wenn er einmal entstanden ist, so kultiviert werden kann, dass Menschen unterschiedlicher Hautfarben friedlich koexistieren können.

Neurowissenschaftliche Aussagen bilden offenbar auch gesellschaftliche Debatten ab.[233] Rassismus ist eine biologische Rahmenbedingung, die im gesellschaftlichen Diskurs in Rechnung gestellt werden sollte.

---

233 Die Ereignisse nach der Tötung eines unbewaffneten schwarzen Jugendlichen in Ferguson/USA und die dadurch neu entfachte Rassismusdebatte illustrieren die Problematik. Offensichtlich ist es moralischen Regeln und engagierten Gleichstellungsbeauftragten nicht gelungen, die Diskriminierung von Afroamerikanern in den USA zu verhindern.

Es ist eine gesellschaftliche Herausforderung, die auch für Predigende gilt, unter Berücksichtigung dieser biologischen Rahmenbedingungen nach Wegen zu suchen, wie Menschen menschlich miteinander leben können. Eine moralisierende Haltung scheint jedenfalls als Lösung wenig geeignet zu sein. Vielmehr sollte nach einem kultivierenden, ja spielerischen Umgang gesucht werden, der Menschen hilft, tatsächlich Spielräume mit- und füreinander zu entdecken. Das Gleichnis vom barmherzigen Samariter geht narrativ einen solchen Weg.

Die Reinheitsvorschriften im Tempeldienst und die Unterschiede zwischen Juden und Samaritern sind vielen Menschen heute fremd. Auch Gastwirtschaften sind heute in der Regel keine verkappten Bordelle mehr. Diese Provokationen des Gleichnisses wirken daher heute nicht mehr. Trotzdem sind die Bekanntheit und die Wirkung des Gleichnisses bis heute ungebrochen. Sicherlich liegt das an den Fragen, die das Gleichnis aufwirft. Es geht um zentrale Themen: Wie werde ich von einem Menschen berührt, der mir fremd ist? Wie kann ich mitfühlend gegenüber einem Feind sein? Und: Wer fühlt mit *mir*, wenn ich darauf angewiesen bin, dass ein Mensch sich von mir berühren lässt? Wer sieht hin und wer sieht weg? Das sind menschliche Grundfragen, zugleich sind es menschliche Dilemmata. Luise Schottroff hält zu recht fest:

»Die Deutung dieses Gleichnisses auf allgemeine Menschliebe oder Feindesliebe geht auf eine relevante Weise am Text vorbei: Es geht hier nicht um Vorstellungen und Ideen über Liebe, sondern darum, wie eine ›Liebeslehre‹ zur Tat werden kann. Daran scheitern Priester und Levit«[234].

Wenn die aus der Liebeslehre erwachsene Tat nicht geschieht, ist das tödlich: Der Verletzte wäre gestorben, wenn sich der Samariter nicht hätte berühren lassen.

Menschen sind zutiefst soziale Wesen und können nicht allein überleben, sie sind auf Kooperation angewiesen – nicht zuletzt kooperiert der Samariter auch mit dem Wirt und vertraut ihm die Pflege des Verletzten an.

Weil Menschen soziale Wesen sind und ihr Gedächtnis ein autobiografisches ist, erzählen sie Geschichten und sind darauf

---

234 Schottroff 2007, 172.

angewiesen, dass ihnen Geschichten erzählt werden. Deshalb ist es wichtig, dass diese Geschichte vom barmherzigen Samariter *erzählt* wird. Nicht als moralische Zeigefingerpredigt, sondern als Predigt, die dazu einlädt, sich berühren zu lassen, um zu einer sozialen Identität zu finden und zugleich zu einer Gottesbeziehung. Das ist schließlich auch die Intention des Gleichnisses: Lukas fasst Gottes- und Nächstenliebe zusammen. Die Kombination dieser beiden Gebote gibt es im Neuen Testament sonst nicht. Sie ist eine ebenfalls einzigartige, die damaligen gesetzeskundigen Zuhörer mit Sicherheit faszinierende Zusammenstellung.

Weil es in diesem Gleichnis darum geht, sich berühren zu lassen und berührt zu werden, liegt die essayistische Form der Predigt über dieses Gleichnis besonders nahe. Schließlich hat der Essay die essayistische Existenz zur Voraussetzung, die aus der eigenen Berührtheit, dem eigenen Wahrnehmen heraus, sich schreibend mitteilt und dadurch andere berühren und bewegen kann. Die am Ende offene Handlung und der offene Schluss passen zu einer essayistischen Predigt, die ebenfalls nicht geschlossen ist. Die essayistische Predigt kann ohne moralistische Tönung schildern, wie es ist, an den eigenen ethischen Ansprüchen zu scheitern und trotzdem nicht am eigenen Unvermögen zu verzweifeln. Sie kann die persönliche Glückserfahrung teilen, wenn ein menschliches Miteinander trotz aller Widerstände gelingt. Sie könnte es sogar wagen, eigene rassistische Prägungen und das Leiden daran zu thematisieren, und die Hörenden so durch Aufrichtigkeit berühren. Die Kurze Form erhebt dabei nicht den Anspruch, schwierige Themen umfassend zu behandeln. Das muss sie auch nicht, weil schon viel erreicht ist, wenn die Hörenden von einem einzigen Aspekt des Gleichnisses bewegt werden. Die Fokussierung kommt den Hörenden entgegen.

Das Gleichnis vom verlorenen Sohn – Lukas 15,11–32

11 Und er sprach: Ein Mensch hatte zwei Söhne. 12 Und der jüngere von ihnen sprach zu dem Vater: Gib mir, Vater, das Erbteil, das mir zusteht. Und er teilte Hab und Gut unter sie. 13 Und nicht lange danach sammelte der jüngere Sohn alles zusammen und zog in ein fernes Land; und dort brachte er sein Erbteil durch mit Prassen. 14 Als er aber alles verbraucht hatte, kam

eine große Hungersnot über jenes Land und er fing an zu darben 15 und ging hin und hängte sich an einen Bürger jenes Landes; der schickte ihn auf seinen Acker, die Säue zu hüten. 16 Und er begehrte, seinen Bauch zu füllen mit den Schoten, die die Säue fraßen; und niemand gab sie ihm. 17 Da ging er in sich und sprach: Wie viele Tagelöhner hat mein Vater, die Brot in Fülle haben, und ich verderbe hier im Hunger! 18 Ich will mich aufmachen und zu meinem Vater gehen und zu ihm sagen: Vater, ich habe gesündigt gegen den Himmel und vor dir. 19 Ich bin hinfort nicht mehr wert, dass ich dein Sohn heiße; mache mich einem deiner Tagelöhner gleich! 20 Und er machte sich auf und kam zu seinem Vater. Als er aber noch weit entfernt war, sah ihn sein Vater und es jammerte ihn, und er lief und fiel ihm um den Hals und küsste ihn. 21 Der Sohn aber sprach zu ihm: Vater, ich habe gesündigt gegen den Himmel und vor dir; ich bin hinfort nicht mehr wert, dass ich dein Sohn heiße. 22 Aber der Vater sprach zu seinen Knechten: Bringt schnell das beste Gewand her und zieht es ihm an und gebt ihm einen Ring an seine Hand und Schuhe an seine Füße 23 und bringt das gemästete Kalb und schlachtet's; lasst uns essen und fröhlich sein! 24 Denn dieser mein Sohn war tot und ist wieder lebendig geworden; er war verloren und ist gefunden worden. Und sie fingen an, fröhlich zu sein. 25 Aber der ältere Sohn war auf dem Feld. Und als er nahe zum Hause kam, hörte er Singen und Tanzen 26 und rief zu sich einen der Knechte und fragte, was das wäre. 27 Der aber sagte ihm: Dein Bruder ist gekommen, und dein Vater hat das gemästete Kalb geschlachtet, weil er ihn gesund wiederhat. 28 Da wurde er zornig und wollte nicht hineingehen. Da ging sein Vater heraus und bat ihn. 29 Er antwortete aber und sprach zu seinem Vater: Siehe, so viele Jahre diene ich dir und habe dein Gebot nie übertreten, und du hast mir nie einen Bock gegeben, dass ich mit meinen Freunden fröhlich wäre. 30 Nun aber, da dieser dein Sohn gekommen ist, der dein Hab und Gut mit Huren verprasst hat, hast du ihm das gemästete Kalb geschlachtet. 31 Er aber sprach zu ihm: Mein Sohn, du bist allezeit bei mir und alles, was mein ist, das ist dein. 32 Du solltest aber fröhlich und guten Mutes sein; denn dieser dein Bruder war tot und ist wieder lebendig geworden, er war verloren und ist wiedergefunden. (Lk 15,11–32)

Das Gleichnis vom verlorenen Sohn hat deutliche sexuelle Anklänge, was die ersten Hörenden sicherlich sofort verstanden haben. Denn der Vorwurf des älteren Bruders, dass der jüngere sein Vermögen mit unzüchtigen Menschen verprasst habe, ist nicht aus der Luft gegriffen.

Karl-Heinrich Ostmeyer erklärt in seiner Analyse, die »mit Präposition verwendete Genitiv-Plural-Form ($\mu\varepsilon\tau\grave{\alpha}$ $\pi o\rho\nu\tilde{\omega}\nu$ – *meta pornōn* – mit Prostituierten) bezeichnet als solche beide Geschlechter«[235]. Denn:

---

235 Ostmeyer 2007, 620.

»Wird die letzte Silbe akzentuiert, handelt es sich um Huren; bei Hurern liegt der Akzent auf der ersten Silbe. Meist wird die weibliche Variante favorisiert [...] – es ist nicht auszuschließen, dass das Geschlecht der Prostituierten bewusst offen gehalten werden soll.«[236]

Wörtlich heißt es, dass der jüngere Sohn sich in seiner Not an einen Bürger des Landes haftete bzw. herandrängte (Lk 15,15).[237] Karl Ludwig Schmidt erläutert: »Bildlich ist dieses Haften dasselbe wie *berühren* [...]. Von hier aus ist es begreiflich, daß κολλᾶσθαι auch für den intimen Verkehr im Sinne des Geschlechtsverkehrs gebraucht wird.«[238] Ostmeyer ergänzt: »Die Septuaginta gebraucht den Begriff einerseits zur Bezeichnung der ehelichen (sexuellen) Verbindung [...], andererseits benennt sie dabei die Hingabe an Gott«[239].

Jesus erzählt also von einer skandalösen, weil durch die Tora verbotenen Beziehung, noch dazu zu einem Heiden, der erst in der Folge des »Haftens« den jungen Mann zum Schweinehüten schickt, ihn also mit für Juden unreinen Tieren verbindet. Er wird doppelt gedemütigt, weil er Schweine hüten muss und nicht einmal deren Futter essen darf. Dem Erzähler des Gleichnisses dürfte die gespannte, ungeteilte Aufmerksamkeit seiner ersten Zuhörer gewiss gewesen sein. Die Kunst hat diese Wirkung des Gleichnisses dankbar aufgegriffen.

Luise Schottroff erwähnt eine Lesart des Gleichnisses aus der Perspektive eines Inzestopfers. Inzestopfer könnten das Gleichnis so lesen, dass der verlorene Sohn vom Vater sexuell missbraucht wurde. Schottroff folgert: »Doch ist die Frage zu stellen [...]: Warum lässt sich das Gleichnis so lesen? Meine Antwort: Weil der Vater im Gleichnis eine absolute Machtstellung gegenüber seinen Söhnen hat.«[240] Zwar sehe ich keine Anhaltspunkte für einen Inzest im Gleichnis, allerdings ist die sexuelle Perspektive des Gleichnisses festzuhalten.

---

236 Ostmeyer 2007, 620. Bovon bevorzugt – ohne Begründung – die weibliche Form: »Die weibliche Form μετὰ πορνῶν ›mit Huren‹, ist der männlichen μετὰ πορνῶν vorzuziehen« (Bovon 2001, 52). Damit bestätigt Bovon jedoch, dass beide Übersetzungen möglich sind.
237 Vgl. Balz/Schneider 1992, Art. κολλάω, 757; Schmidt 1959, 822–832, Art. κολλάω, προσκολλάω.
238 Schmidt 1959, 822.
239 Ostmeyer 2007, 626.
240 Schottroff 2007, 195–196.

Das Gleichnis vom verlorenen Sohn ist eingebettet in zwei andere Gleichnisse, in denen es um Verlieren und die Freude des Findens geht (verlorener Groschen, verlorenes Schaf). Ostmeyer weist darauf hin, dass bei der Sohn-Parabel ein anderes Verb für »sich freuen« genannt wird, das sich im lukanischen Doppelwerk und im Pentateuch meist auf die Freude vor Gott bezieht.[241] Diese Beobachtung unterstreicht, dass es sich im Gleichnis um eine göttliche Freude handelt, die mit anderen Freuden kontrastiert wird, die beide Söhne im Gleichnis wünschen: Der Jüngere im Ausland mit unzüchtigen und verschwenderischen Aktionen, der Ältere mit seinen Freunden, abseits seines Vaters. Beide Söhne werden zum Fest eingeladen und damit darauf verwiesen, dass Freude nicht außerhalb, sondern nur beim Vater zu finden ist. »Nähe oder Distanz im Verhältnis zum Vater [entscheiden] über Wohl oder Wehe«[242].

Ziel des Gleichnisses ist es wohl kaum, Menschen dazu zu bringen, ihr Vaterhaus nicht zu verlassen. Jesus selbst beruft Menschen aus ihren familiären Bezügen in seine Nachfolge, und schon die Schöpfungsgeschichte wusste, dass der Mensch Vater und Mutter verlassen und an seiner Frau hängen wird, was Jesus selbst zitiert. Daher überzeugt mich die Auslegung, dass es bei der Freude um die besondere Freude der Gemeinschaft mit Gott geht – und die wird in beiden Testamenten und in der Theologiegeschichte immer wieder auch mit sexuellen Konnotationen und Bildern erzählt. Gerade das macht eine Predigt über diesen Text – oder andere mit ähnlichen Konnotationen – aber auch so anspruchsvoll, gerade in der kurzen Form der Predigt. Denn in der Tat muss eine Predigt heute der besonderen Sensibilität des Themas gerecht werden. Die sprachliche Gestaltung erfordert besondere Sorgfalt – auch hier ist die Bibel Vorbild. Die Sprache des Hoheliedes ist wunderschön, das Weinberglied ein kunstvolles Gebilde. Schließlich geht es in der Sexualität um das Schönste, was sich zwei Menschen schenken können, Nähe und Verschmelzung, Vertrauen und Hingabe. Kein Wunder, dass die Bibel das mit der Gottesbeziehung, mit dem Reich Gottes vergleicht. Anregend kann in diesem Zusammen-

---

241 Ostmeyer 2007, 619.
242 Wolter 2008, 534.

hang sein, wie wissenschaftliche Spezialisten das Thema »Sexualität« behandeln. Christoph Joseph Ahlers, Klinischer Sexualpsychologe, sagt:

»Erregungslust ist, neben der Fortpflanzung, der Aspekt, den die meisten Menschen als Erstes mit Sex in Verbindung bringen. Aber seine zentrale Bedeutung besteht darin, dass wir durch Sex psychosoziale Grundbedürfnisse erfüllen können [...]. Angenommensein, Zugehörigkeit. Alles, was wir im Leben tun, zielt darauf ab [...]. Und die intensivste Form, das zu spüren, ist sexuelle Körperkommunikation. Das ist die tiefere Bedeutung von Sex. Das, was die Kirche Himmel nennt. Und die frohe Botschaft der Sexualpsychologie ist: Ein bisschen was davon können wir auch auf Erden haben.«[243]

Ahlers hält fest: »Es gibt keinen anderen Lebensbereich mit einer vergleichbaren Spannweite: vom tiefsten Leid bis zum größten Glück.«[244] So irdisch-himmlisch kann man also Sexualität und Himmel in Verbindung bringen. Und kein Satz von Ahlers wirkt pornografisch. Das kann ein Ansporn für eine Kurze Form der Predigt über das Gleichnis vom verlorenen Sohn sein: zärtlich und einladend von der Liebe Gottes zu seinen Menschenkindern zu predigen. Die Predigt kann die frohe Botschaft verkündigen, dass in menschlichen Beziehungen eine Ahnung vom Himmel zu gewinnen ist. Diese Kurze Form der Predigt sollte überraschend anders sein als die übliche Rede über die Liebe Gottes und doch nicht die Grenzen des guten Geschmacks verletzen. Sie darf aber ruhig in ihren Andeutungen schillern und so überraschen und persönliche Assoziationen anregen.

Homiletische Konsequenzen

In der näheren Betrachtung von vier Gleichnissen zeigen sich vielfältige Beziehungen zu literaturwissenschaftlichen und neurowissenschaftlichen Ergebnissen. Gleichnisse sind offensichtlich eine äußerst vielschichtige biblische Form der Kurzpredigt, die Impulse auch für gegenwärtige Kurzpredigten bieten kann.

---

243 Ahlers 2013, 24.
244 Ahlers 2013, 32.

»Gleichnisse sprechen die Sprache der Menschen. Indem die Gleichnisse die ›Bilder der Welt‹ verwenden, indem sie konkrete Ereignisse erzählen und theologische Begriffsbildungen vermeiden, bieten sie Anknüpfungspunkte für einen Dialog über Theologie und Kirche hinaus.«[245]

Diese Beschreibung von Ruben Zimmermann könnte ebenso eine Aufgabenskizzierung von Kurzpredigten sein. Auch die Kurze Form soll nicht in der »Sprache Kanaans« verfasst sein, sondern die Sprache der Menschen sprechen. Dabei kann die Predigt die Herausforderung annehmen, die Dynamik des Gleichnisses aufzugreifen.

Gleichnisse sind Rätseltexte. Sie leuchten manchmal sofort ein, dann jedoch wandelt sich durch Neu-Lesen das Verständnis und setzt einen Prozess der Deutung und des Verstehens in Gang. Gleichnisse verwickeln mit ihrer bildlichen Sprache die Lesenden und Hörenden in einen Verstehensprozess. Sie sind gerade nicht logisch und entziehen sich einer eindeutigen Definition oder einseitigen Interpretation. Auch eine Predigt, die ihren Hörern auf Augenhöhe begegnen will, wird keine eindimensionale Wahrheit verkünden – auch nicht verkünden wollen! –, weil Leben und Glauben nicht eindeutig sind und sich der Eindeutigkeit verweigern. Glauben und Leben funktionieren nicht digital. Eine Predigt sollte Hoffnungsräume eröffnen, so wie Parabeln Spielräume und Spielfelder eröffnen, und zum Spiel des Lebens einladen.[246]

Gleichnisse spielen mit Bildern, die entdeckt werden wollen bzw. die sich erst durch eine vertiefte Kenntnis des sozial-politischen Umfelds entschlüsseln. Gleichnissen gelingt es dabei mühelos, den garstigen Graben der Geschichte zu überwinden und Menschen aller Zeiten neu zu faszinieren.

Kurzpredigten sind keine Rätseltexte, allerdings enthalten sie, wenn sie gelungen sind, überraschende Deutungen, Ideen, Wendungen, die bei der Hörerin ebenfalls einen hermeneutischen Prozess in Gang setzen. Überraschung ist auch verstörend. Gleichnisse sind nur scheinbar leicht verständlich und einfach. Eine Predigt über ein Gleichnis wird daher nie eine eindimensionale Botschaft haben, es sei denn, sie ist nicht auf einen Dialog mit den Zuhörenden hin orientiert.

---

245 Zimmermann 2007, 11.
246 Vgl. Zimmermann 2007, 42.

Kurzpredigten und Gleichnisse haben vieles gemeinsam. Kurzpredigten sollten, wie Gleichnisse, offen für einen Dialog sein oder ihn sogar eröffnen – auch mit Menschen, die dem Glauben skeptisch gegenüberstehen. Dadurch wird ein Netzwerk des Dialogs geknüpft. Die Neurobiologie erläutert mit ihren Forschungsergebnissen, was die Soziologie aus ihrer Perspektive so erklärt: Beziehungen entstehen durch »stories«, die Menschen sich erzählen,[247] das ist ein besonderes Netzwerk[248].

Gleichnisse erzählen Geschichten und sind gerade so paradigmatische kurze Predigten. Kurze Predigten können, müssen aber nicht narrativ sein. Gleichnisse sind *fiktional*: Sie erzählen von erfundenen Personen. Wenn in Kurzpredigten von Personen erzählt wird, gehen Hörer zunächst selbstverständlich davon aus, dass diese Personen existieren, es sei denn, sie werden als erfundene Personen entsprechend eingeführt. Allerdings bleibt offen, ob den Menschen, denen Jesus seine Gleichnisse erzählte, stets klar war, dass seine Gleichnisse fiktional waren. Aber: Es gibt auch eine erfundene Wahrheit. Deshalb sind Gleichnisse immer *realistisch*. Im Unterschied zu Fabeln erzählen Parabeln von Menschen, die so oder ähnlich gelebt und gehandelt haben könnten. Gleichnisse erzählen Lebenswirklichkeit – und können dabei auch gesellschaftskritisch sein.

Gleichnisse sind *metaphorisch*. Ihre bildhafte Sprache entspricht menschlichem Denken: Menschen lernen und denken in Bildern. Eine bildhafte Sprache zeichnet auch gelungene kurze Predigten aus. Gerade ihre besondere Metaphorik erklärt die bleibende Wirkung von Gleichnissen. Gleichnisse reden sehr prägnant von Gott mit den Bildern der Welt.[249] Diese Bilder prägen sich ein und laden zum Weitererzählen ein, trotzdem und gerade weil sie Gegenwartserfahrung auch irritierend verfremden. Der metaphorische Prozess, den ein Gleichnis anstößt, ist nicht abgeschlossen, sondern provoziert zur Stellungnahme und ist deutungsoffen. Dieser Struktur ent-

---

247 Vgl. Harrison 1992; Harrison 2008; Harrison/Godart 2007. Diese Hinweise verdanke ich Dr. Athanasios Karafilidis, RWTH Aachen.
248 Auf die Bedeutung des Querschnittthemas »Netzwerk« weist auch Andreas Draguhn (2011) hin.
249 Vgl. Zimmermann 2007, 9.

spricht die Intention von kurzen Predigten, die ebenfalls in ein inneres Gespräch mit den Hörenden eintreten wollen.

Gleichnisse sind aktuell, sozial interessiert und bedeutsam – auch dann, wenn sich die politischen Verhältnisse verändern. Der politische Anspruch bleibt. Kurzpredigten sollten diesen Anspruch auch haben! Gleichnisse sind, wie auch jede Kurzpredigt, kontextbezogen.

Gleichnisse bleiben faszinierend, obwohl sich die Lebensumstände vieler Menschen, die sie hören, fundamental geändert haben. Ein Heidelberger Familienvater, der in der Universitätsbibliothek als Bibliothekar arbeitet, lebt anders als ein Schriftgelehrter im Jerusalem zur Zeit Jesu. Trotzdem werden beide mit einiger Wahrscheinlichkeit das Gleichnis vom barmherzigen Samariter spannend finden können. Eine Fabrikarbeiterin aus Ludwigshafen lebt anders als eine Bäuerin aus der Nähe von Bethlehem zur Zeit des Königs Herodes und doch werden beide etwas mit dem Gleichnis von der Frau anfangen können, die das ganze Haus auf der Suche nach der verlorenen Münze auf den Kopf stellt. Glücklicherweise leben wir in der Bundesrepublik Deutschland nicht mehr im Kriegszustand und außerdem – ebenso glücklicherweise – in einer Demokratie. Dennoch berührt mich das Gleichnis vom König, der seine Möglichkeiten erst abschätzen muss, bevor er entscheidet, ob er einen Kriegseinsatz wagt oder doch lieber Verhandlungen anstrebt, um nicht beschämt zu werden.

Das liegt auch daran, dass Jesus Gleichnisse so erzählt, dass seine Zuhörenden besonders angeregt werden. Bilder erreichen Menschen eher als abstrakte Gedanken. Die Themen und Akteure in den Gleichnissen sind so gewählt, dass Menschen gar nicht anders können, als fasziniert zu sein. Menschen können von Gleichnissen auch abgestoßen sein, was jedoch ebenfalls eine Form der Faszination ist. Die einzelnen Themen der Gleichnisse sind nicht unbedingt bleibend faszinierend oder abstoßend. Die Vorstellung, Schweinefutter essen zu müssen, ist für einen christlichen Mitteleuropäer aus anderen Gründen widerlich als für einen gläubigen Juden, für den Schweinefleisch nicht koscher ist. Neurobiologische Erkenntnisse helfen, menschliche Reaktionen besser zu verstehen. Alle Menschen reagieren auf Blut automatisch mit einer kortikalen Reaktion, doch gläubige Juden, für die der Kontakt mit Totem zur Verunreinigung führt, noch einmal auf eine andere Weise. Trotz solcher fundamentalen Unterschiede behalten Gleichnisse ihre Wirkung. Offenbar setzen sie nicht allein auf ein einziges Reiz-Reaktionsschema. Jesus erzählt nicht distanziert, sondern so, dass die unterschiedlichsten Menschen emotional angesprochen werden.

Christian Schärf betont, dass der Essay die Vorstellungen einer normativen Denkweise beseitigt, was eine »Kehre« aus einer normativen Denkweise bedeutet.[250] Die Nähe dieser Beschreibung zum Gleichnis liegen auf der Hand – trotz aller Unterschiede. Jesus erzählt insofern essayistisch, als er eine Haltung des Beobachtens und Wahrnehmens wählt und eine eigene, überraschende, die Vorstellungen seiner Zuhörenden übersteigende Wendung schildert. Zudem sind Gleichnisse dialogisch. Die literarische Form, die explizit auf die innere Erfahrung des Autors rekurriert und sie dialogisch in Beziehung zur Außenwelt setzt, ist der Essay. Essays sind immer persönlich, aus der Perspektive des Autors erzählt. Wenn Jesus vom Reich Gottes erzählt, hat das in der Tat viel mit seiner Persönlichkeit zu tun. Wenn er erzählt, ist das Reich Gottes da.

Der Essay erzählt auf Augenhöhe – und auch dem Gleichnis ist jede Hierarchie fremd. Weil Gleichnisse offen sind, legen sie nicht fest. Sie sind nicht autoritär. Die Hörenden und Lesenden werden eingeladen, sich in die Geschichte verwickeln zu lassen – sie werden jedoch nicht dazu gezwungen. Zudem verweigert sich die mehrdimensionale Struktur von Gleichnissen per se autoritärer Zuspitzung. Wenngleich die Gleichnisse sehr genau rhetorisch durchgeformt sein mögen – ihre Auslegung bleibt eine spannende Reise in ein unbekanntes Land.

Wenn Gleichnisse selbst Kurzpredigten sind, dann steht die Predigt über sie vor besondere Herausforderungen. Kann man über eine Predigt predigen? Gelten hier besondere Regeln? Und – lassen sich aus der homiletischen Analyse der Gleichnispredigten Folgerungen für die Predigt generell ablesen? Sicherlich ist es nicht angemessen, wenn ein Gleichnis lediglich als Aufhänger für eine Lehr- oder Bekenntnispredigt benutzt und nicht in seiner Besonderheit wahrgenommen wird.

---

250 Schärf 1999, 9–10.

Bildhaftigkeit
In der folgenden Kurzpredigt versuche ich, die beschriebene Bildhaftigkeit des Gleichnisses aufzunehmen.

Angela Rinn-Maurer
SWR 2 – Wort zum Tag
23.6.2003

1 Die Tiefe des Glaubens können wir Menschen gar nicht ausloten! Jesus öffnet
2 uns die Tür einen Spaltweit, so dass ich einen Blick erhaschen kann in einen im
3 Grunde fremden Raum. Eine Dimension, die mir eigentlich noch verschlossen
4 ist. Wenn ich meine, ich hätte mit diesem Blick, diesem Augenblick, schon alles
5 erfasst ... du lieber Himmel! Deshalb sind es Bilder, mit denen Jesus erzählt,
6 denn anders als in Bildern können Menschen das Reich Gottes nach wie vor
7 nicht begreifen. Müssen fragen, tasten, können nur ahnen. Wie kann er mir
8 armen Menschen den Himmel erklären? Ich versuch's einmal selbst! Und erzähl'
9 einem Blinden von der Farbe, spiel' einem Tauben eine Symphonie vor und dem,
10 der noch nie geliebt hat, dem erkläre ich, wie die Liebe ist. Und es gelingt mir
11 weder bei der Farbe noch bei der Musik und ich komme schließlich vollends ins
12 Stottern, wenn es um die Liebe geht. Liebe ist ... ja wie denn? Und schon bald
13 merke ich, wie ich Bilder zur Hilfe nehme: Deine Liebe ist lieblicher als Wein,
14 von deinen Lippen träufelt Honig, Honig und Milch sind unter deiner Zunge.
15 Wenn's um die wirklich wichtigen Dinge des Lebens geht, geht es nicht ohne Bil-
16 der: Farbe ist rot und eine Symphonie dauert eine Stunde. Das sagt gar nichts. Da
17 verblasst das Wunder. Ich kann es nur begreifen, wenn ich anfange zu erzählen,
18 wenn mir die Bilder aus dem Herzen auf die Lippen kommen, wenn ich anfange
19 zu schwärmen. Und dann kann es sein, dass das eine sich aufs andere bezieht
20 und sich so erklärt. Da kann man dem Blinden erzählen, dass Farben wie eine
21 Symphonie sein können, ja eine Symphonie von Farben, kann erzählen, dass die
22 Liebe ein bisher graues Leben in leuchtenden Farben erstrahlen lässt und dass
23 sich bei mancher Musik das Herz öffnet und es einem scheint, als ob mit dem
24 Herzen der Himmel offen steht.
25   Und wie steht's mit dem Himmel? Erklär mir doch den Himmel, Jesus. Erklär
26 mir ... Gott! Es ging ein Sämann aus, zu säen seinen Samen, antwortet er. Oder:
27 Es war einmal ein Senfkorn, so klein, und wurde doch zum großen Baum, in
28 dem die Vögel nisten konnten. Seltsame Bilder? Aber anders lässt sich der Him-
29 mel nicht erahnen.[251]

Die Predigt setzt das Dilemma an den Anfang: Die Tiefe des Glaubens verschließt sich menschlichen (Sprach-)Möglichkeiten ebenso wie

---

251 Rinn-Maurer 2003 (http://www.kirche-im-swr.de/?page=manuskripte&sendung=5&archiv&w=2003-03-23. Zugriff am 2.5.2019).

der Himmel (1–4). Es ist Jesus, der einen Weg zeigt: Er erzählt in Bildern vom Himmel und erschließt ihn so (5). Die Predigt nutzt dabei die neurowissenschaftliche Information, dass die einzelnen Areale im Gehirn, die Sinneswahrnehmungen verarbeiten, nicht direkt, sondern vermittelt über andere Areale aktiviert werden. Ebenso nutzt die Predigt die Information der sogenannten »Hebb'schen Regel«. Diese beschreibt, dass im Gehirn Assoziationen gespeichert werden und gleichzeitige Aktivität von Nervenzellen Zellensembles zusammenbindet, sodass am Ende die Erwähnung einer Assoziation das ganze Ensemble aktiviert. Homiletisch ist wichtig, dass stimmige Bilder, die verschiedene Sinneseindrücke ansprechen, größere Areale unseres Gehirns aktivieren und später umfassender erinnert werden. Die Predigt nimmt auf, dass Jesus Bilder aus der Welt der Menschen mit Vorstellungen vom Himmel verknüpft. Wie eine solche Verknüpfung wirkt, wird durch die Erläuterung von Begriffen wie »Liebe«, »Farbe« und »Symphonie« (9–12) gezeigt. Die Erläuterung erfolgt mithilfe von Bildern (13–14), die sinnliche Erfahrungen ansprechen und so dem Blinden – ebenso wie den Hörenden, die ja auch nicht wissen, wie der Himmel aussieht – mit Geschmack und Musik das Wunder der Farben und damit das Wunder des Himmels erklären (20–24). Die Bilder werden mit dem Begriff »Himmel« verknüpft.

Überraschender Perspektivwechsel
Im überraschenden Perspektivwechsel scheint ein Schlüssel für eine gelungene Predigt über Gleichnisse zu liegen. Ich versuche, dies in einer Kurzen Form der Predigt umzusetzen:

Angela Rinn
Gott ist wie ein verrückter Sämann, der seine Botschaft ohne Rücksicht auf Verluste verschleudert.
Ein verrückter Sämann
SWR 2 – Wort zum Tag
23.3.2009

1 »Ein ziemlich merkwürdiger Bauer ist das, der ohne Rücksicht auf Verluste sein
2 Saatgut verschleudert, kein vernünftiger Mensch sät so, dass dreiviertel der Kör-
3 ner statt in der Furche zwischen Dornen, auf Fels oder auf dem Weg landen. Das
4 ist doch verrückt! So viel Verlust!« Ich unterhalte mich mit den Konfirmandin-

5 nen und Konfirmanden über das Gleichnis vom Sämann, das Jesus im Lukas-
6 evangelium erzählt. Wir verstehen diesen Bauern nicht, der so unvernünftig
7 sein Gut verschleudert.
8 Unbeirrt davon sät der Sämann. Verschleudert den Samen, das Wort, mit
9 vollen Händen auf den Felsen, auf den Weg, in die Dornen. Manches fällt auf
10 gutes Land.
11 »Zu welcher Sorte gehört Ihr wohl, Eurer Meinung nach«, frage ich. Zögern.
12 »Felsen, Dornen«, meinen sie dann, fast ein wenig schüchtern.
13 Wer kann schon von sich behaupten, gutes Land zu sein, auf dem die Bot-
14 schaft Gottes wächst und gedeiht. Aber – ist meine Frage überhaupt die richtige
15 Frage? Kommt es bei der Geschichte vom Sämann vielleicht gar nicht darauf an,
16 sie eins-zu-eins zu übersetzen, sondern darauf, zu staunen? Können Sie darü-
17 ber staunen, wie unökonomisch der Sämann Gott ist? Wie er verschwendet und
18 verschleudert, aus lauter Liebe! Das kann nicht an seiner Unfähigkeit als Bauer
19 liegen. Nein, der Sämann handelt mit voller Absicht. Er knickert und geizt nicht
20 mit dem, was er hat. Und er schaut nicht wie ein Kaninchen auf die Schlange
21 Effizienz. Er traut sich, Misserfolg zu haben.
22 Er traut sich auch, sich auf den Misserfolg einzulassen, der in meiner Per-
23 son liegen könnte, schreckt nicht davor zurück, dass ich vielleicht nur dorniges
24 Gestrüpp bin. Wenn ich dem verrückten Bauer länger zuschaue, dann ahne ich:
25 Jeder, der das Wort hört, das da gesät ist, jeder fasst es für einen Moment, auch
26 wenn dieser Moment nur ganz kurz ist. Alle nehmen erst einmal das Wort auf,
27 das mit liebevollen Händen reich ausgesät ist – auch noch der Felsen. Wer weiß,
28 was in meinem Leben alles noch wachsen wird – auch dann, wenn ich mir selbst
29 gerade wie ein harter Felsblock vorkomme. Wenn er so ist, der Sämann, unser
30 Gott, dass er mit einem Herzen voller Liebe und mit vollen Händen das Saatgut
31 in die Dornen wirft und auf den Fels und auf den Weg, wenn er die Hoffnung
32 nicht aufgibt, dass auf dem Fels und unter Dornen doch etwas wächst, dann
33 müssen auch wir die Hoffnung nicht aufgeben. Denn auch ein kleines Hälm-
34 chen, das zwischen den Dornen aufgeht, ist doch ein Hälmchen der Liebe, und
35 das ist mehr, als nie geliebt zu haben und geliebt zu werden. Und da es ein gött-
36 liches Hälmchen ist, reicht es für die Ewigkeit.[252]

Die Provokation des Gleichnisses wird zu Beginn genannt, emotional bewertet und im Gespräch mit den Konfirmandinnen und Konfirmanden aufgenommen (1–7). Ebenfalls im Gespräch mit den Jugendlichen wird eine übliche Lesart des Gleichnisses thematisiert: Menschen sind unterschiedlich offen für das Evangelium (8–10). Dann wird die Frage problematisiert (11) und dadurch ein Perspektivenwechsel ermöglicht, der die Interpretationsmöglichkeiten öffnet.

---

252 Rinn 2009 (http://www.kirche-im-swr.de/?page=manuskripte&sendung=5-
&archiv&w=2009-03-23. Zugriff am 2.5.2019).

Der Fokus wird vom unterschiedlichen Boden zum Sämann verschoben. Die negative Sicht – das Saatfeld ist defizitär (11–12) – wird umgedeutet: Der Sämann sieht das Potenzial des Bodens. Auf *jedem* Boden wächst etwas (26–27). Der Schlusssatz (35–36) spricht dem vergänglichen Halm göttliche Ewigkeitshoffnung zu. Das ist – wie der Perspektivwechsel vom Saatfeld zum Sämann – eine Überraschung, die die Aufmerksamkeit der Hörenden evoziert. Auch ein kleines Hälmchen ist ein Zeichen der Liebe (33–34). Der Schluss hat außerdem eine humoristische Note, hier wird die Information genutzt, dass ein »Humornetzwerk«[253] viele Hirngebiete aktiviert, vor allem, wenn es gelungen ist, bei den Hörenden ein Lächeln auszulösen.

Gleichnisse sind kleine Kunstwerke, die mit überraschender Metaphorik arbeiten. Sie nehmen einerseits die Lebenswirklichkeit von Menschen sorgfältig wahr, verblüffen zugleich mit Verknüpfungen und Wendungen. Gleichnisse erzählen sprachlich präzise und lebendig. Trotzdem herrscht eine gewisse Skepsis darüber, ob Gleichnisse den garstigen Graben der Geschichte mit ihrer Bildkraft überspringen können. Manche Predigerinnen trauen der biblischen Geschichte nicht zu, »moderne« Menschen zu erreichen, obwohl die Parabel als Metapher begriffen wird. Nur so erklären sich Versuche, Gleichnisse durch »moderne Gleichnisse« auszulegen.

»Moderne« Gleichnisse
Ein solches problematisches Beispiel für die Auslegung der Gleichnisse von Schatz und Acker und Perle möchte ich vorstellen:

1 »Eine alte Dame meldete im Fundbüro den Verlust einer Brosche. Sie beschrieb
2 das Schmuckstück genau, worauf der Beamte ausrief: »Sie haben Glück gehabt;
3 vor einer Stunde erst hat ein kleines Mädchen diese Brosche abgegeben.« Und
4 er legte die Fundsache vor sich auf den Tisch. Die Dame nickte bestätigend. Sie
5 kramte aus ihrer Tasche einen Geldschein hervor und bat den Beamten, ihn der
6 Finderin auszuhändigen. Der Mann starrte sie ungläubig an, als zweifle er an
7 ihrem Verstande. In schonendem Tonfall wandte er ein: »Die Brosche, mit Ver-
8 laub, ist nur vergoldet. Sie besteht aus ganz gewöhnlichem Blech und ist kaum
9 einen Bruchteil des Geldes wert. Wenn ich Ihnen raten darf, gnädige Frau: Spen-
10 dieren Sie der Kleinen ein Eis, das ist mehr als genug. Der gesetzliche Finder-

---

253 Wild 2010, 33.

11 lohn …« Da fiel ihm die Dame heftig ins Wort. »Den gesetzlichen Finderlohn
12 hätte ich auf Heller und Pfennig bezahlt, wenn es sich um mein Perlenkollier
13 oder mein Saphirarmband gehandelt hätte. Diese Brosche ist kostbarer.« Fast
14 zärtlich strich sie das blecherne Schmuckstück ein, grüßte und ließ den Beam-
15 ten mit seinem Kopfschütteln allein.«[254]

Das »moderne« Gleichnis als Auslegung des Gleichnisses vom Schatz im Acker und von der kostbaren Perle wirft viele Fragen auf. Ist es wirklich modern? Die Sprache mutet eher wie ein Relikt aus den 50er- oder Anfang 60er-Jahren des letzten Jahrhunderts an, veröffentlicht wurde die Geschichte aber 1994. Kein Mitarbeiter eines Fundbüros sagte 1994 noch »mit Verlaub« (7–8) oder »gnädige Frau« (10). Es ist auch daran zu zweifeln, dass Mitarbeiter von Fundbüros sich als Schmuckspezialisten betätigen und Kunden auf die Materialqualität der Fundstücke hinweisen (8–9). Erzählen Damen Ende des 20. Jahrhunderts tatsächlich von Perlencolliers und Saphirarmbändern (12–13)? Das moderne Gleichnis wirkt verstaubter als jedes biblische Gleichnis. Zudem greift es nur einen Aspekt der beiden biblischen Gleichnisse auf (die Brosche ist für die Dame kostbarer als andere Schmuckstücke, 13) und verengt damit die Botschaft.

Gleiches gilt für ein modernes Gleichnis, das das Gleichnis von der selbstwachsenden Saat auslegen will:

1 »Ein Mann der Presse ärgerte sich über den abwertenden Gebrauch des Begriffes
2 ›Illusion‹ durch seine Kollegen. ›Jede Illusion‹, sagte er ›hat ihre eigene Kraft und
3 Realität.‹ Dazu erzählte er folgendes Beispiel: ›In der Stadt trat eine Truppe von
4 Seiltänzern auf. Sie spannten ihr Seil vom Glockenstuhl der Don-Bosco-Kirche
5 zum Turm des Rathauses hinüber. Die Vorstellung fand am Abend statt, bei
6 Scheinwerferlicht und ohne Netz. Es war das Übliche: Sie liefen, sie tanzten, sie
7 radelten über das Seil. Hauptattraktion aber war der Auftritt eines blutjungen
8 Mädchens, der Tochter des Schaustellerpaares. Wie eine Schneeflocke schwebte sie
9 im Lichtkreis von Turm zu Turm über den Abgrund von Dunkelheit. Später gab
10 mir der Vater der Kleinen ein Interview. Ich konnte meinen Vorwurf kaum ver-
11 hehlen: ›Wie haben Sie dieses Kind eine so halsbrecherische Kunst gelehrt?‹ ›Seil-
12 tanzen ist nicht schwer‹, erwiderte der Mann, ›auch Sie würden es spielend lernen.
13 Das Problem ist die Angst. Meine Tochter fürchtet sich nicht, denn sie ist über-
14 zeugt, daß ein unsichtbares Netz ausgespannt sei, fester als Nylon und Hanf.‹«[255]

---

254 Seidel 1994, 48–49.
255 Seidel 1994, 33.

Geht es beim Gleichnis von der selbstwachsenden Saat tatsächlich um Angst (13)? Der Verbindungspunkt beider Gleichnisse ist das Thema der Unsichtbarkeit (14) – aber trifft die Pointe des modernen Gleichnisses tatsächlich die des Gleichnisses von der selbstwachsenden Saat? Im Gegenteil ist es ja so, dass die Saat tatsächlich wächst, auch wenn der Bauer nicht weiß wieso, während das Kind über einem Netz tanzt, obwohl es dieses Netz nicht gibt. Das moderne Gleichnis legt den Schluss nahe, dass Glaube Illusion ist (1–3), die als Illusion Kraft und Realität hat (2–3). Die Definition von Glaube als Illusion trifft nun gewiss nicht die Intention des biblischen Gleichnisses.

Auch die folgende Predigt über die Gleichnisse vom Schatz im Acker und der selbstwachsenden Saat erliegt der Versuchung, ein eigenes Gleichnis zu erzählen, eine Geschichte, die der Prediger nach eigener Angabe »irgendwo« gelesen hat:

```
1  »Es ist eine ausgesprochen ungewöhnliche Geschichte, die ich vor einiger Zeit
2  irgendwo gelesen habe: Bei einem Mann war infolge eines Unfalls und durch
3  den Schrecken, den er dabei erfahren hatte, eine Lähmung des Sehnervs ein-
4  getreten. Welchen Arzt er auch aufsuchte, was immer er unternahm – er war
5  und blieb blind. Bis eines Tages bei einem schweren Gewitter der Blitz in das
6  Haus einschlug, in dem er sich befand. Der darauf folgende Donnerschlag war
7  so ungeheuerlich, daß der Schreck, den der Blinde dadurch bekam, seine Läh-
8  mung löste und er plötzlich wieder sehen konnte. Es war nun für ihn, wie wenn
9  er neu geboren wäre. Die Welt mit all ihrer Schönheit ging ihm ganz neu auf.
10 Während es vorher dunkel um ihn gewesen war und er sich alles von anderen
11 Menschen beschreiben lassen mußte, sah er jetzt die Welt in strahlendem Licht
12 und konnte sich frei und ohne die Hilfe anderer bewegen. Kein Wunder, daß
13 eine überströmende Freude diesen Menschen erfüllte. Blind sein – und dann
14 wieder sehen können: das ist etwas vom Größten, was sich denken läßt. Das kann
15 im Grunde nur der nachfühlen, der in einer ähnlichen Lage war […]. Daß uns
16 das wieder aufgeht, daß wir wieder sehen lernen und den Blick freibekommen,
17 dazu muß auch an uns zuerst ein Wunder geschehen. Dazu bedarf es zunächst
18 einer großen Entdeckung, und dann ist da eine ganze Entscheidung zu treffen.
19 Wie das zugeht, das will uns ein Gleichnis Jesu aus dem Matthäusevangelium
20 sagen:«[256] (Es folgen die Gleichnisse vom Schatz im Acker und der kostbaren Perle.)
```

Der Prediger erzählt eine Geschichte, die er »irgendwo« (2) gelesen hat als modernes Gleichnis, dessen Verbindungslinie zum Schatz im

---

256 Kuhn 1973.

Acker und der kostbaren Perle lediglich im Moment der Entscheidung (18) liegt, die jedoch in seinem modernen Gleichnis überhaupt nicht vorkommt, sondern vom Prediger eingetragen wird. Auch hier zeigt sich, dass der Bildkraft des Gleichnisses weniger zugetraut wird als einer Geschichte, die zwar in der modernen Zeit spielt, aber wesentlich fremder wirkt als die Geschichte vom Schatz im Acker und der kostbaren Perle. Nach einem Schatz hat fast jeder schon einmal gesucht – aber wie viele Personen kennen die Erfahrung, durch ein Schockerlebnis zu erblinden (2–4) und durch einen zweiten Schock wieder sehend zu werden (6–8)? Und: Ist das die Voraussetzung, um neu auf das Reich Gottes »hinsehen« zu können?

Die Fülle entsprechender Literatur – allein Willi Hoffsümmer hat neun Bände mit mehr als 1800 Geschichten herausgebracht – ist jedoch ein deutlicher Hinweis darauf, dass Predigende Probleme damit haben, auf die Kraft der biblischen Bilder zu vertrauen. Bei den zitierten Auslegungen fällt zudem auf, dass Predigende nicht etwa zu eigenen, persönlichen Bildern finden, die sich aus der Begeisterung durch das Gleichnis speisen, sondern dass sie hinter dem modernen Gleichnis versteckt bleiben. Ihre eigene Haltung bleibt unsichtbar, ihre Persönlichkeit als Predigerin und Prediger ist nicht erkennbar, obwohl sie vorgeblich eigene Erfahrungen bzw. Eigengehörtes oder Eigengelesenes erzählen.

Weiterhin erscheint die Pseudo-Authentizität problematisch. Während Gleichnisse fiktional sind und auch nicht vorspiegeln, echte Geschichten zu erzählen – zugleich jedoch ganz nahe am Erleben der Zuhörenden sind –, erzählen die modernen Gleichnisse vorgeblich echte Geschichten, die jedoch keiner Überprüfung standhalten und vom Erleben der Zuhörenden weit entfernt sind. Oder wer hat schon einmal versucht, vom Glockenstuhl einer Kirche bis zum Turm eines Rathauses zu balancieren? Eine kreative Neudichtung eines Gleichnisses müsste also sorgfältig sowohl eigene Erfahrungen einbringen als auch nahe an der Erlebniswelt der Hörenden sein – und sprachlich mit äußerster Gewissenhaftigkeit gestaltet. Denn im direkten Vergleich entlarven sich die modernen Geschichten sowohl sprachlich als auch in ihrer eindimensionalen Botschaft als literarisch wesentlich schwächer als jedes Gleichnis. Auch dies ist das Problem einer Predigt über Gleichnisse, die selbstgeschriebene oder in der Fülle der Literatur gefundene Gleichnisse als Predigt einsetzt: Die literarische Qualität ist selten auf einer Ebene mit der biblischen Geschichte, sodass eine qualitative Schieflage entsteht. Das bedeutet jedoch nicht, dass Predigende gezwungen sind, selbst zu Künstlerinnen und Künstlern zu werden. Es ist wunderbar, wenn Predigten kleine Kunstwerke sind. Notwendige Voraussetzung ist es nicht. Eine Predigt, die »die Offenheit der jeweiligen Gleichniserzählung«[257] respektiert und zur Geltung bringt, kann schwerlich nur dann realisiert werden, wenn der Predigerin selbst ein Predigt-Kunstwerk gelingt. Welcher Prediger kann sich tatsächlich mit der dichterischen Kunst eines Gleichnisses messen? In der Tat müssten Predigende verzweifeln[258], wenn die Erschaffung eines eigenen Kunstwerks Voraussetzung für eine gelungene Predigt wäre – zumindest dann, wenn sie über eine realistische Selbsteinschätzung verfügen. Die berechtigte Forderung, sich an und mit Literatur, Film und bildender Kunst zu schulen, darf nicht bedeuten, dass aus jedem Pfarrer ein Schriftsteller oder aus jeder Pfarrerin eine Regisseurin wird. Vielmehr kann aus essayistischer Perspektive nach dem gesucht werden, was die predigende Person am Gleichnis besticht.

Gleichnisse haben ein *punctum*[259]. Dass dies entdeckt wird, ist ein Ziel der Gleichnisse. Das *punctum* im Gleichnis von der selbstwachsenden Saat kann die Sichel sein, genauso aber auch der Schlaf und die Ernte oder das Zusammenwirken von Gott und Mensch. So gelingt es diesem Gleichnis, in wenigen Sätzen die Zuhörenden zu elektrisieren.

Spannend und für Predigthörende als Belohnung identifizierbar sind Predigten mit einem *punctum,* die diesen bestechenden, faszinierenden Moment teilen. Das kann in klaren, einfachen Worten geschehen, in sorgfältig formulierten Gedanken. Kunstvoll muss das nicht sein, allerdings bestechend.

Bestechend sind Predigten, wenn sie überraschende neue Lebensmöglichkeiten eröffnen und einen Bezug zwischen biblischer Bot-

---

257 Dutzmann 1990, 197.
258 »Durch die Poeten lerne ich, daß es meine Unfähigkeit ist und nicht die der Sprache.« (Siegel 1982, 465).
259 Vgl. Barthes 1989.

schaft und aktueller Lebenssituation zeigen. Eine essayistisch angelegte Predigt ist dabei non-direktiv, da sie nicht die Gefühle der Hörerinnen »analysiert« und »bearbeitet«, sondern eigene Beobachtungen und Gefühle wahrnimmt und diese mit ihnen teilt, ohne sie zu zwingen, diese anzunehmen.

Essayistische Kurzpredigt
Eine eigene Kurzpredigt über das Gleichnis vom Schatz im Acker versucht dies. Die Auslegung ist insofern essayistisch angelegt, als sie eigene Beobachtungen schildert und diese den Hörenden anbietet, ohne sie zu zwingen, dieselben Schlüsse zu ziehen.

Angela Rinn
Schatzsucher am Strand
An der Leidenschaft erkenne ich das Gottesreich
SWR2 – Wort zum Tag
19.9.2013

1 Schatzsucher am Strand – Im Urlaub habe ich sie täglich beobachtet. Bewaffnet
2 mit Metalldetektoren sind sie auf der Suche nach Münzen und Gold. »Glauben
3 die im Ernst, dass sie was finden« fragt mein Freund. »Zumindest sind sie mit
4 Leidenschaft bei der Sache«. Wo Dein Schatz ist, da ist dein Herz. Und den Schatz,
5 den du haben willst, den suchst du mit Leidenschaft, sonst ist es kein echter
6 Schatz. Wenn es nötig ist werden dabei auch krumme Wege beschritten. Jesus
7 erzählt von einem Mann, der einen vergrabenen Schatz in einem fremden Acker
8 findet und daraufhin diesen Acker vom ahnungslosen Besitzer kauft. So ganz
9 legal ist die Sache nicht. Merkwürdig nur: Jesus will mit diesem unmoralischen
10 Gleichnis das Himmelreich erklären.
11   Neurowissenschaften geben uns zum Verhalten des schatzfindenden Acker-
12 bauern erhellende Erklärungen: Unser Überleben als homo sapiens ist davon
13 abhängig, dass wir Partner und Nahrung erkennen und erreichen, auch wenn
14 diese nicht direkt neben uns stehen – und das ist die Regel! Auf der Suche nach
15 Essen und Lebensgefährten müssen Menschen immer einen Spagat zwischen
16 Risiko und Sicherheit meistern. Sind die Partner und die Nahrung erreicht, dann
17 erfolgt im Gehirn eine Dopaminausschüttung – und die verursacht Glücksgefühle.
18   Die Schatzsucher am Strand sind auf der Suche nach dieser Dopaminaus-
19 schüttung. Der schatzfindende Ackerbauer hat eine Dopaminausschüttung erlebt,
20 als er den Schatz fand.
21   Auch wenn wir selbst nicht mit dem Metalldetektor am Strand unterwegs
22 sind: Wir können bestimmt alle nachvollziehen, was diese Menschen antreibt.
23 Das bedeutet, dass jeder von uns eine Ahnung vom Himmelreich hat. Mag sein,

24 wir suchen nach Schätzen anderer Art als die Leute am Strand. Leidenschaft ist
25 eine sehr persönliche Angelegenheit, denn das Herz schlägt bei jedem etwas
26 anders. Mag sein, die anderen schütteln den Kopf über das, wofür mein Herz
27 schlägt. Doch: bloß keine moralischen Hemmungen, die hat Jesus auch nicht.
28 Mit keinem Satz tadelt er den SchatzimAckerFinder. Leidenschaft ist hemmungs-
29 los. Das Himmelreich kennt keine Grenzen. Wenn ich herausfinde, wann mein
30 Atem sich beschleunigt und die eigene Leidenschaft geweckt ist, bin ich nah dran
31 am Gefühl des Himmelreichs.
32   Und das ist doch schon was, ein Gefühl fürs Reich Gottes zu haben! Vielleicht
33 bekomme ich ja Lust, nicht nur nach meinem Schatz, sondern auch nach diesem
34 Reich und seinen Schätzen zu suchen. Ich glaube, dass Jesus die Geschichte des-
35 halb erzählt hat, um mich neugierig zu machen. So dass ich mehr wissen will. Und
36 mehr herausfinden will, über himmlische und irdische Schätze. Kann gut sein, dass
37 auch das zu einer Dopaminausschüttung führt. Eine spannende Angelegenheit![260]

Eigene Beobachtungen sind der Ausgangspunkt der Predigt (1–4). Weitere Erfahrungen und eigene Überlegungen werden eingespielt (23–27). Überraschend für die Hörenden ist, dass neurowissenschaftliche Erkenntnisse als Interpretationshilfe für das Gleichnis genutzt werden (11–20; 34–35), dass die Predigt behauptet, dass *alle* Hörenden eine Ahnung vom bzw. ein Gefühl für den Himmel haben (23; 29–37), sowie der Hinweis darauf, dass das Gleichnis positiv auf ein nicht ganz legales, ja unmoralisches Handeln verweist (8–10). Essayistisch ist die Predigt insofern, als sie ihre Gedanken den Hörenden zuspielt, ohne sie auf eine Interpretationslinie zu zwingen. Die Informationen zur Dopaminausschüttung werden humorvoll geschildert (11–17). Das aktiviert die Hörenden und lässt sie aufmerksam werden.

Manche Gleichnisse haben eine humoristische oder ironische Note – etwa das Gleichnis vom Sauerteig (Matthäus 13,33/Lukas 13,20–21), in dem eine Unmenge Mehl verarbeitet wird, oder die Beelzebulkontroverse (z. B. Lukas 11,14–26), bei der ein Satan den anderen hinauswirft, oder das Gleichnis vom Richter, der Angst hat, dass ihm eine Witwe ein blaues Auge verpasst (Lukas 18,1–8). Jesus – bzw. die Evangelisten – hatten offenbar Humor. Neurowissenschaftliche Erkenntnisse helfen, die Wirkung von Humor besser zu verstehen. Barbara Wild vermutet, dass sich Humor beim Menschen

---

260 Rinn 2013 (http://www.kirche-im-swr.de/?page=manuskripte&sendung=5-&archiv&w=2013-09-19. Zugriff am 2.5.2019).

wahrscheinlich im Rahmen der Fähigkeit entwickelt, sich in einer zunehmend komplexen und sich ständig ändernden Welt zu orientieren, denn Humor befähigt dazu, sich von dem Wunsch nach Perfektion zu verabschieden und sich stattdessen an eigener und fremder Unvollkommenheit zu erheitern. Es ermöglicht Menschen, gemeinsam auch über eigene Fehler zu lachen, auch über die eigene Unfähigkeit, das Leben völlig im Griff zu haben. Dazu erheitert ein guter Witz emotional und intellektuell. Ein guter Witz aktiviert viele Areale im Gehirn, darunter zerebrale Strukturen, die auch an anderen komplexen kognitiven Fähigkeiten beteiligt sind, und das bei Menschen jeden Alters.[261] »Dies legt nahe, dass im Alter vielleicht bei Witzen der ›Groschen langsamer fällt‹, aber die Reaktionen auf gute Witze gleich bleiben.«[262] »Humor als Ganzes ist [...] ›alterungsresistent‹«[263].

»*Humor* bezeichnet die Fähigkeit, sich selbst und andere mit Komik zu sehen, Komik und Inkongruenz zu schätzen, eine spielerische, gelassene Haltung einzunehmen, positive Seiten auch in ernsten Situationen zu sehen, Erheiterung bei sich und anderen hervorrufen und damit soziale Situationen regulieren zu können.«[264]

Deshalb passt Humor nicht nur an den Anfang der Predigt, sondern kann die ganze Predigt würzen, auch den Schluss. Wie schön, wenn die Hörerinnen mit einem Lächeln und aktivierten Gehirnregionen aus dem Gottesdienst gehen oder – nach einem »Wort zum Tag« – erheitert in den Tag starten.

Hier ein eigener unveröffentlichter Versuch. Es ist der Predigtschluss einer Predigt über das vierfache Saatgut (Lk 8,4–8):

1 »Zu welcher Sorte gehören wir?«, fragt meine Freundin. – »Nun, bei uns ist es
2 wohl auf guten Boden gefallen«, meine ich: »Wir glauben doch an Jesus Chris-
3 tus.« – »Sei dir mal nicht so sicher«, meint sie: »Vielleicht gehörst du ja zu denen
4 unter den Dornen, vielleicht hast du ja noch keine richtige Anfechtung erlebt!

---

261 »Studien belegen, dass eine Vielzahl von zerebralen Strukturen, die alle auch an anderen komplexen kognitiven Fähigkeiten beteiligt sind, bei der Wahrnehmung eines Witzes aktiviert werden.« (Wild 2010, 33–34).
262 Wild 2010, 34.
263 Wild 2010, 34.
264 Wild 2010, 31.

Wart's mal ab, wenn die kommt! Vielleicht gehöre ich ja zu denen auf dem Felsen, also, ich bin mir nicht so sicher, ob wir zu denen auf dem guten Feld zählen.« – »Weißt du«, sage ich: »wenn er so ist, der Sämann, unser Gott, dass er mit einem Herzen voller Liebe und mit vollen Händen in die Dornen wirft und auf den Fels und auf den Weg, wenn er die Hoffnung nicht aufgibt, dass auf dem Fels und unter Dornen doch etwas wächst, dann muss ich die Hoffnung auch nicht aufgeben. Dann kann es sein, dass selbst, wenn ich zu den Körnern zähle, die auf den Weg fallen und zertreten werden und von den Vögeln aufgepickt werden, dass dieser Vogel, der mich aufpickt, mich dann später gut verdaut in eine Furche fallen lässt. Und dann ist mein Korn doch auf gutem Boden gelandet und hat den Dünger noch dazu. Amen.«

Der Anfrage der Freundin (1) wird zunächst mit einer Glaubensgewissheit geantwortet (1–3). Als diese wieder infrage gestellt wird (3–7), erfolgt eine humorvolle Antwort. Die überraschende Wendung (der Vogel lässt das verdaute Korn in die Furche fallen, 13–14) ist witzig. Durch die kurze Weitererzählung des Gleichnisses wird die Aufmerksamkeit der Hörenden geweckt: Wie kann es Hoffnung geben, wenn das Korn von einem Vogel aufgepickt wird? Die witzige Lösung, die zudem aus der eigentlich völlig verfahrenen Situation eine Bonussituation entstehen lässt (das Korn hat den Dünger dazu geliefert bekommen, 14–15), aktiviert noch einmal die Aufmerksamkeit der Hörenden, weil Witze verschiedene Areale im Gehirn aktivieren. Zugleich wird mit dem Witz ein Reframing erzielt. Die Hörenden haben ein Surplus an Erfahrung, weil sie hörend erfahren, dass es möglich ist, selbst in einer verzweifelten Situation die Hoffnung nicht zu verlieren, und sich die Verzweiflung in eine besondere Chance umwandeln kann. Damit entspricht dieser Schluss der Haltung des Bauern, der voller Hoffnung sein Saatgut verschleudert. Die Qualität dieses humorvollen Predigtschlusses besteht auch darin, dass der Witz im Rahmen des Gleichnisses erzählt und nicht als textfremder Witz der Predigt vorangestellt wird. Es wird also kein »besseres« oder »modernes« Gleichnis erzählt. Die Predigt bleibt im Bildfeld der Gleichniserzählung vom vierfachen Saatgut.

Für Humor ist eine präzise Wahrnehmung unabdingbar. Humor erkennt die besondere Komik einer Situation oder eine ungewöhnliche Verhaltensweise. »Wahrnehmung« ist daher ein homiletischer Schlüsselbegriff für die Kurze Form der Gleichnispredigt, aber auch für die Predigt über andere biblische Texte. Das gilt auch für die lange Form, allerdings erfordert die Kurze Form besondere sprachliche und gestalterische Sorgfalt.

Gleichnissen gelingt in wenigen Sätzen, bildhaft von Gott und dem Gottesreich zu erzählen, und sie sind allein deshalb Vorbild für die Kurze Form der Predigt. Wesentlich für die Kurze Form der Predigt, die sich am Beispiel der Gleichnisse orientiert, ist es, im Dialog mit den Hörenden zu bleiben, ihre Fragen mit zu bedenken bzw. in die Predigt zu integrieren, die Überraschung zu wagen, die wiederum Erstaunen und Fragen provoziert, und die Neugier zu wecken, mehr über das Leben im Horizont göttlicher Liebe zu erfahren. Eine Predigt, die davon erzählt, was sie selbst an einem solchen Leben besticht, sowohl in der Anziehung als auch in der Verstörung, bietet die besten Voraussetzungen dafür – besonders wenn es ihr gelingt, sich zu konzentrieren und die Beschränkung zu wagen und zu gestalten. Die Gleichnisse lehren, dass die Kurze Form hierfür nicht die Ausnahme sein muss, sondern die Regel sein kann.

5 Die Homiletik der Kurzen Form

Ich habe versucht, die homiletische Lücke zu schließen und eine Theorie der Kurzen Form zu entwickeln, die zugleich praxistauglich ist. Dabei ist für mich ein interdisziplinärer Ansatz wichtig. Biologische, psychologische und neurowissenschaftliche Forschungen haben Erkenntnisse über menschliches Lernen, über Emotionen, soziales Verhalten und Sinneswahrnehmungen hervorgebracht und bieten aus ihrer jeweiligen Perspektive und Tradition wertvolle Informationen.

In der Auseinandersetzung mit der literaturwissenschaftlichen Perspektive habe ich den Essay entdeckt. Der Essay kann beispielhaft für die Kurze Form der Predigt sein. Er erweist sich mit seiner Betonung der essayistischen Existenz und seiner nicht-hierarchischen Form, die auf Augenhöhe kommuniziert, als wertvolle und grundlegende Inspiration für die Kurze Form der Predigt.

Es geht in der Homiletik der Kurzen Form nicht um »Rezepte«, die man ausprobieren kann (»so macht man das«). Das ist schon deshalb nicht möglich, weil die Biografie der Predigenden einbezogen ist und sie sich mit ihrem eigenen Leben einbringen. Sehr wohl kann aber die eigene Wahrnehmung geschult werden! Diesem Ziel dienen die Fragen und Übungen im Anschluss an die homiletischen Anregungen.

Die Wahrnehmungen der Predigenden verdichten und vertiefen die persönlichen Erfahrungen, auch wenn diese in der Predigt nicht explizit oder nur angedeutet genannt werden. Deshalb können auch ganz private Erfahrungen in die Predigt einfließen, ohne dass sie voyeuristische Interessen bedient oder exhibitionistisch wirkt. Allerdings: Es ist nicht möglich, essayistisch zu predigen und zugleich von der eigenen Person zu abstrahieren. Damit kommt das Ich der Predigenden ganz neu ins Spiel.

Essayistische Predigten sprechen den ganzen Menschen an – hier sind die Gleichnisse Vorbild, die ebenfalls die Sinnlichkeit des Menschen ansprechen. Essayistisch predigen bedeutet auch, sich der eigenen Sterblichkeit, des eigenen Todes bewusst zu sein. Mit Henning Luther[265] ist daran zu erinnern, dass Identität Fragment ist und die Begrenztheit des Lebens eine Chance für das eigene Leben.

Der eigene, persönliche Blick ist ein vergänglicher Blick. Das macht demütig, zugleich bettet es die essayistisch Predigenden ein in eine Wirklichkeit, die den Tod überwunden hat – und schenkt die Anmaßung der sich geliebt Wissenden, Leben und Liebe teilen zu wollen.

Neurowissenschaftliche Erkenntnisse eröffnen spannende Einblicke auf die Art und Weise, wie Jesus durch seine Gleichnisse die Menschen seiner Zeit faszinieren konnte und was uns heute noch an diesen Gleichnissen fasziniert. Selbstverständlich ist schon vorher klar gewesen, dass eine aufregende Geschichte Lust macht, mehr zu erfahren. Doch es ist hilfreich, zu wissen, auf welche Aspekte einer Geschichte Menschen besonders reagieren. Die Gleichnisse Jesu sind so geschickt aufgebaut, dass ihm seine Zuhörenden an den Lippen hängen *mussten*.

Als Bereicherung für die Homiletik erweist sich die neurowissenschaftliche Erforschung des Belohnungssystems von Neuronen. Eine gute Predigt kann durchaus zu einer Dopaminausschüttung führen, wenn sie überraschende, neue Lebensmöglichkeiten eröffnet oder einen Bezug zwischen biblischer Botschaft und aktueller Lebenssituation herstellt.

Die Kürze steht diesen Vollzügen nicht im Wege – im Gegenteil!

Die Kurze Form der Predigt kommt den Hörern entgegen und entspricht menschlichen Möglichkeiten. Sie ist als Form menschenfreundlich. Neurowissenschaftliche Untersuchungen zeigen, dass niemand einem neuen Stoff für mehr als fünf Minuten konzentriert zuhören kann. Das Arbeitsgedächtnis muss dann Gelegenheit haben, das Gehörte oder Gelesene vorläufig zusammenzubinden und in das Zwischengedächtnis abzulegen. Andernfalls »schiebt« die neue Information die alte aus dem Arbeitsgedächtnis heraus.[266]

Jesus verknüpft positive Erinnerungen mit Vorstellungen vom Himmel. Wie eine solche Verknüpfung wirkt, wird durch die

---

265 H. Luther 1992.
266 Roth 2011.

sogenannte »Hebb'sche Regel« erläutert. Sie beschreibt, dass im Gehirn Assoziationen gespeichert werden und gleichzeitige Aktivität von Nervenzellen Zellensembles zusammenbindet, sodass am Ende die Erwähnung einer Assoziation das ganze Ensemble aktiviert. Homiletisch ist wichtig, dass stimmige Bilder, die verschiedene Sinneseindrücke ansprechen, größere Areale unseres Gehirns aktivieren und später umfassender erinnert werden. Umgekehrt stören unstimmige Bilder. Weil Jesus positive Ereignisse immer wieder mit dem Reich Gottes gleichsetzt, können Menschen sich »Bilder vom Himmel« machen.

Die Literaturwissenschaft weist auf die Gedanken des Philosophen Roland Barthes hin. Seine Lust am Text, der Hinweis auf den Nullpunkt, an dem eine besondere Dynamik entsteht, die Erfahrung des Bruchs, die Unterbrechung, die zu einer Wollust am Text führt und einer erotischen Spannung, betonen, wie wichtig ein überraschender Einfall in der Predigt ist. Die Predigt muss einen Bruch mit gewohnten Sichtweisen bieten. Solche Predigten sind nicht unbedingt angenehm. Auch das »*punctum*« ist nicht nur wohltuend bestechend. Es kann wehtun, wenn lieb gewordene Seh- und Denkstrukturen hinterfragt werden.

Zwar erweist sich die Auseinandersetzung mit literarischer Kunst (dazu zähle ich auch die Gleichnisse) als wegweisend für die Kurze Form der Predigt, an die Kurze Form der Predigt wird jedoch nicht der Anspruch gestellt, selbst Kunst zu sein. Selbstverständlich ist es möglich, dass einzelne kurze Predigten tatsächlich künstlerischen Ansprüchen standhalten, dies ist jedoch nicht Voraussetzung. Entscheidend ist dagegen für eine Kurze Form der Predigt, die essayistisch sein will, die grundlegende essayistische Haltung des Predigers. Ohne essayistische Haltung gibt es keine essayistische Predigt. Diese essayistische Haltung ist zugleich spirituell. Das bedeutet, dass für jede Predigerin eine geistliche Existenz vorausgesetzt wird. Essayistisch predigen kann man nicht aus der Distanz, nicht leib- und lieblos oder mit hierarchischem Gefälle.

Essayistisch zu predigen, fordert die gesamte Persönlichkeit. Deshalb ist die entsprechende Haltung Schlüssel für die Kurze Form der Predigt.

Zwei Beispiele aus der Praxis

Die folgenden beiden Kurzen Formen der Predigt sollen zeigen, zu welchen Ergebnissen meine Überlegungen praktisch führen können. Die erste Predigt ist eine Liedpredigt in der Adventszeit, die zweite eine Bestattungsansprache.

Für die Adventspredigt habe ich mich entschieden, weil gerade in der Adventszeit häufig im Kontext von Weihnachtsfeiern die Kurze Form der Predigt angefragt wird. Für die Kasualie Bestattung habe ich mich entschieden, weil die kirchliche Bestattung die Kasualie ist, die – vor allem im städtischen Kontext – am strengsten einer zeitlichen Begrenzung unterliegt.

Eine Adventspredigt

Angela Rinn
Leiblichkeit
Der Advent singt in sinnlichen Liedern von der Ankunft des Gotteskindes
SWR 2 – Wort zum Tag
9.12.2013

1 »O Heiland reiß die Himmel auf« – ich denke sehr in Bildern und dieses Advents-
2 lied ist voller Bilder, die ich mir immer gut vorstellen konnte. Als Kind habe ich
3 mir vorgestellt, dass der Heiland mit einem Reißverschluss den Himmel auf-
4 reißt. Irritiert hat mich bei diesem schönen Adventslied allerdings der Satz: O
5 Gott ein Tau vom Himmel gieß, im Tau herab o Heiland fließ. Tau, der steht
6 morgens tropfig auf Grashalmen, ich habe ihn aber – im Gegensatz zu Regen –
7 noch nie vom Himmel fließen sehen. Bis mich mal jemand darüber aufgeklärt
8 hat, dass mit Tau in diesem Fall der Same Gottes gemeint ist. In der Tat: Samen
9 ergießt sich, und im Fall des Adventslieds leuchtet es dann natürlich ein, dass
10 in diesem Tau der Heiland vom Himmel herab fließen kann. Offenbar dachte
11 auch der Dichter des Adventslieds sehr bildhaft, mit einer Freude an der Leib-
12 lichkeit, die mich berührt. Kein Wunder, dass sich diese alten Adventslieder so
13 einprägen. Das sind keine abstrakten theologischen Vorlesungen, das ist keine
14 dogmatische Wissensvermittlung. Wovon die Adventslieder singen und erzäh-
15 len, das ist mir vertraut, das ist mein Körper, das sind meine Sinne, mein Fleisch
16 und Blut. Und das ist meine Welt, in der ich lebe, die Erde, die Blumen hervor-
17 bringt, mit Berg und Tal, mit Sonne und Sternen. Da reißt der Himmel auf, wie
18 ich es auch kenne, wenn an einem düsteren Tag plötzlich die Wolken aufreißen
19 und die Sonne sich strahlend in die Welt ergießt. Wie schön, dass Gott Mensch
20 geworden ist mitten in unserer wunderschönen, zugleich so gefährdeten und

21 zerrissenen Welt und wir in unserer menschlichen Leiblichkeit und in der Schöp-
22 fung Bilder für Gottes Gnade und Liebe finden dürfen.
23   In dieser Adventszeit möchte ich mich mit Leib und Seele, mit meinem gan-
24 zen Sein auf Gott freuen, mit jedem Atemzug, mit jeder Umarmung, aber auch
25 in den Schwächen meines Körpers, mit meinen Narben und Falten. Ich möchte
26 an Gott denken, wenn ein Sonnenstrahl den Winterhimmel erhellt und wenn
27 Sterne abends am Himmel strahlen. Wenn Gott leibhaftig Mensch wird, dann
28 ist unser Körper sein kostbares Geschenk, das uns, sowohl als Geschenk als auch
29 als Bürde, hinweist auf ihn. Denn auch dem Krippenkind blieben, erwachsen
30 geworden, körperliche Schmerzen nicht erspart. Gerade das unterscheidet ihn
31 ja von den Göttern der Antike, die nur scheinbar Menschen waren, nie jedoch
32 wirklich Menschenleben teilten.
33   Mit Leib und Seele Advent feiern, mit der Last und der Freude, die mein
34 Leib für mich bedeutet – ich wünsche mir, dass dann der Himmel aufreißt. Für
35 mich. Für uns alle.[267]

Diese Liedpredigt ist essayistisch angelegt. Ich schildere eigene Beobachtungen und Erlebnisse (1–4; 6–8) und lade die Hörenden ein, mit ihren eigenen Erfahrungen anzuknüpfen. Überraschend ist für die meisten Hörerinnen Auslegung zu »Tau« (4–10). Durch die Gleichsetzung Tau – Samen (8) wird die Aufmerksamkeit der Hörenden provoziert. Diese Gleichsetzung ist zugleich das *punctum* der Predigt und eröffnet die Überlegungen zur Leiblichkeit (ab 10), die in ihren schwierigen und beglückenden Dimensionen geschildert werden (23–27). Meine eigene Biografie kommt in der Schilderung der persönlichen Erfahrungen mit dem Lied (2–8) und in der Beschreibung der Leiblichkeit (23–27) zum Ausdruck, die mit den Bildern des Lieds verbunden werden. Die Hörenden werden angeregt, in ihrer je eigenen Leiblichkeit mit allen Sinnen Advent zu entdecken – ein überraschender, ein Surplus an Erfahrung versprechender Gedanke (33–34). Gesellschaftspolitische Anklänge bietet der Hinweis auf die gefährdete und zerrissene Weltsituation (20–21), die mit der Vergänglichkeit und Gefährdung des menschlichen Lebens in Beziehung gesetzt wird (21–22): Menschliches Leben ereignet sich im Kontext der Welt.

---

267 Rinn 2013 (http://www.kirche-im-swr.de/?page=manuskripte&sendung=5&-archiv&w=2013-12-09. Zugriff am 2.5.2019).

Eine Beerdigungsansprache

Trotz aller Veränderungen, die die »Spätmoderne« [268] mit sich gebracht hat, sind die Erwartungen an die Kirche anlässlich einer Beerdigung hoch. Das Ritual soll trösten, ohne zu vertrösten.[269] Zuspruch, Deutung, Stärkung und Verwandlung sollen sich in den symbolischen Handlungen des gottesdienstlichen Geschehens ereignen.[270] Biografie und Eschatologie sind in ihrem Zusammenhang zu verdeutlichen, ohne dass die radikale Zäsur »Tod« überspielt wird, symbolische Tradition und persönliches Leben sind aufeinander zu beziehen.[271] Dieser »kommunikativen und theologischen Herausforderung«[272] muss im städtischen Kontext die Kurze Form der Predigt in höchstens 5 Minuten gerecht werden.

Das folgende Beispiel ist eine Ansprache anlässlich der Beerdigung eines Mannes, der mit Anfang 70 tödlich verunglückt ist.

1 Liebe Familie, liebe Trauergemeinde,
2 was mir von J. in Erinnerung bleibt, ist sein forschender Blick, tief und ernst.
3 Ein suchender Mensch, dachte ich, und so war er wohl auch. Niemand, der sich
4 dauerhaft eingerichtet hatte, vielmehr ein Mensch, der auf dem Weg war, auch
5 wenn er – manchmal in seinem Leben – auch vor sich weglaufen konnte. Wenn
6 es sein musste: 100 km, Extrem-Marathon. »Ich hebe meine Augen auf zu den
7 Bergen – woher kommt mir Hilfe?« Ein Suchender wie dieser Psalmbeter vor
8 Tausenden Jahren, der sich selbst antwortet: »Meine Hilfe kommt vom Herrn,
9 der Himmel und Erde gemacht hat.« Und beide blicken: Auf Berge, sicher, weil
10 es wohl nur wenige Orte gibt, an denen wir die Größe und das Mysterium der
11 Welt so ahnen wie im Angesicht der Berge. Wenn er es sich hätte aussuchen kön-
12 nen, hätte er sich sicher einen Tod gewählt ohne langes Leidenslager, sondern
13 im Angesicht der Berge, aufschauend zu diesen monumentalen Wunderwerken

---

268 Kristian Fechtner sieht Kasualien im Kontext der Spätmoderne und beschreibt die Chancen der Kirche in der Gestaltung des Passagerituals Beerdigung (vgl. Fechtner 2011). Er unterstreicht die Bedeutung von »Beobachtungsgabe und Deutungskraft« (Fechtner 2011, 15). Fechtner zitiert Walter Benjamin »nur was trifft, trifft auch zu«, um zu betonen, dass aus der Perspektive der Menschen, die den Kasualgottesdienst feiern, erst die subjektive Plausibilität die religiösen Handlungen bewahrheiten (vgl. Fechtner 2011, 31). Die Nähe zum *punctum* Roland Barthes ist im Zitat offensichtlich.
269 Vgl. Gräb 1998, 245.247.
270 Vgl. Fechntner 2011, 29.
271 Vgl. Gutmann 2011, 249.
272 Grethlein 2007, 302.

unseres Schöpfers. Nur nicht so, wie er ihn dann erlitten hat, seinen Tod – plötzlich, ohne die Chance eines Abschiedsworts an seine liebsten Menschen, uns fassungslos zurücklassend. Und traurig. Er war ja doch noch nicht angelangt am Ziel seiner Suche, seiner lebenslangen Suche. J. ist auf der Suche nach etwas Tiefem, Wahrem, könnte es sein – auf der Suche nach Liebe? Und es ist der eigene Vater, der sich ihm dabei in den Weg stellt. Der Vater ist Preuße, kein Freund von offen gezeigten Gefühlen. J. wagt es, dem eigenen Vater auch Kontra zu geben, erbt jedoch die Schwierigkeit seines Vaters, sich in andere Menschen einzufühlen. Seinen eigenen Körper kannte J. genau, forderte ihn, achtete auf ihn, lebte gesund, horchte in sich hinein. In andere Menschen konnte er sich nicht so gut hineinversetzen, das war nicht sein Talent. Und er musste daher in seinem Leben auch schmerzlich erfahren, dass deshalb Beziehungen zerbrechen konnten. Seine Ehe mit I., 19 … geschlossen, der die Kinder J., C. und U. entstammten, scheiterte ebenso wie die Ehe mit E., die er 19 … einging. Darunter hat er auch gelitten, das hat er sich lange zum Vorwurf gemacht. Aber es war schon so: Lange standen seine Reisen, seine Forschungen im Vordergrund seines Lebens. Im Grunde war er aber auf der ganzen Welt unterwegs. Besonders oft war er in Südeuropa, reiste durch die ganze Welt, vielleicht auch hier rastlos auf der Suche nach dem Geheimnis des Lebens. Das Geheimnis des Lebens, das er auch bei Gott suchte, die kostbaren Notizen aus seinem geistlichen Tagebuch, die mir seine Schwester gezeigt hat, legen Zeugnis ab von einem Menschen, der ernsthaft versuchte, sich mit seinem Schöpfer, mit Jesus Christus auseinanderzusetzen.

Ein suchender Mensch, stur konnte er sein, dabei ernsthaft, auch tief sozial. Er war niemand, der lange allein bleiben wollte und konnte. Seit 19 … war er mit Ihnen, seiner Ehefrau C., verheiratet. »Die Ehe ist meine Lebensform«, sagte er. Er war wohl auch hier immer auf der Suche nach dem Du, tiefe Erkenntnis des Geheimnisses unseres Menschseins, denn wir müssten sterben, ohne ein Du. Und werden doch immer wieder schuldig, schmerzhaft schuldig an denen, die wir lieben.

Doch mich verwundert nicht, dass er stets einen Menschen fand, der sich für ihn öffnete. Er konnte sehr hilfsbereit sein, hatte einen einnehmenden Witz, war kunstinteressiert, ich habe ihn oft im Staatstheater getroffen, er schätzte das Ballett, liebte Musik. Seine große Liebe galt aber der Natur, unermüdlich konnte er sich an Blumen und Tieren begeistern. Dazu hatte er in manchen, kostbaren Augenblicken diesen besonderen Glanz in den Augen, konnte losgelöst sein, ganz offen und frei, wie ein Kind. Ich denke, so war er auch in seinen geliebten Bergen. Seinem Schöpfer ganz nah, fast erlöst.

Oft stellte er mir nach den Gottesdiensten eine Frage, sein Blick intensiv, er wollte noch etwas wissen, er war eben – auf der Suche. »Ich hebe meine Augen auf zu den Bergen, woher kommt mir Hilfe? Meine Hilfe kommt vom Herrn, der Himmel und Erde gemacht hat.«

Woran ich glaube ist: Er hat sie jetzt gefunden, die Antwort auf alle seine Fragen, die Antwort auf die Rätsel seines Lebens. Ich hätte mir gewünscht, ihm wäre mehr Zeit geblieben, Zeit seines Lebens danach zu suchen. Ich hätte mir

58 mehr Zeit für uns alle gewünscht, mit ihm zu suchen, mit ihm zu lachen, mit
59 ihm eine Strecke des Weges zu wandern, zu gehen, meinetwegen auch zu laufen.
60   Ein Schritt zu weit. Sodass wir ihn hergeben müssen, traurig, nachdenklich,
61 dankbar, vielleicht auch zornig darüber, dass er jetzt schon gegangen ist. Ins
62 Licht, in die Antwort aller Fragen. Ich meine: Es ist die Liebe.
63 Amen.

Diese Beerdigungspredigt ist essayistisch angelegt. Die Predigt schildert Bilder aus dem Leben von J., ohne diese Bilder einer zentralen These unterzuordnen. Der Psalmvers als Beerdigungsspruch definiert nicht die Erlebnisse, sondern stellt sich ihnen als Interpretationsmöglichkeit an die Seite. Das Motiv der Suche nach Gott, Lebenssinn und Liebe, das mit dem Psalmvers in Verbindung gesetzt wird, gliedert den Text. Zugleich prägt sich das Motiv durch die häufige Wiederholung ein und verknüpft sich mit den Szenen aus dem Leben des Verstorbenen.

Die Predigt schildert Begegnungen und Erfahrungen der Predigenden mit dem Verstorbenen, verbunden mit Erzählungen der Angehörigen. Die Predigerin schildert das, was sie am Leben des Verstorbenen trifft, doch sie schildert sein Leben nicht wertend, obwohl sie schwierige Punkte anspricht. Das Leben des Verstorbenen und die Konflikte, die darin entstanden sind und unter denen er auch selbst gelitten hat, werden benannt, ebenso wie glückliche Momente.

Die Suchbewegung der Predigt, die das Motiv widerspiegelt, lädt die Hörenden dazu ein, zu eigenen Antworten und eigenen Fragen zu finden – das Leitmotiv der Suche wird mit dem Bibelwort in Beziehung gesetzt. Diese Suchbewegung ist zugleich das Surplus an Erfahrung, denn sie macht die Hörenden neugierig, auf diesem Weg über das Leben des Verstorbenen und die gemeinsame Geschichte nachzudenken. Zugleich setzt sich die Predigerin selbst mit dieser Predigt den Zuhörenden aus und macht sich erkennbar, auch in ihrer eigenen Ratlosigkeit und Traurigkeit. Ihre Persönlichkeit kommt neben den geschilderten Begegnungen mit dem Verstorbenen auch durch ihre persönliche Glaubensaussage zum Ausdruck. Doch auch hier bleibt die Predigt offen: Zugleich steht die Predigerin mit ihrer Person für die Glaubensaussage ein und spricht ihre Zuversicht den Trauernden zu.

6 Das Konzept – die »Predigende Existenz«

Meine Überlegungen zur Kurzen Form der Predigt haben den Essay als beispielhafte kurze literarische Form herausgearbeitet. Für den Essay ist die essayistische Existenz Voraussetzung und unabdingbare Haltung. Wenn essayistisch zu schreiben heißt, die eigene Existenz in der lebendigen Begegnung mit einer sich ständig verändernden Umwelt immer neu ins Spiel zu bringen und aufs Spiel zu setzen, dann rückt analog dazu bei der Kurzen Form der Predigt die Person der Predigenden in den Fokus der Aufmerksamkeit. Die Predigenden mit ihrer leibhaften Existenz, ihren intellektuellen Fähigkeiten, ihrer Spiritualität, ihren Biografien und ihrer Wahrnehmung der Welt stehen im Mittelpunkt:

- Wie nehmen sie die Welt wahr, wie sehen sie »d i e Wirklichkeit«? – Und: »Wie wirklich ist die Wirklichkeit?«[273]
- Was sind ihre ganz persönlichen Haltungen zu Gott und der Welt?
- Wie verhalten sie sich zu den empfundenen oder auch reflektierten Widersprüchen zwischen Sein und Sollen?
- Wie positionieren sie sich mit ihren persönlichen Überzeugungen gegenüber gesellschaftlichen Normen und Konventionen?
- Zu welcher Haltung und zu welchem Verhalten finden sie in ethischen Fragen?

Dies muss nicht in jedem Fall explizit benannt werden, aber die Erfahrungen und ihr Leben verdichten und vertiefen die Predigt. Es ist nicht möglich, essayistisch zu predigen und zugleich von der eigenen Person zu abstrahieren.

Die Person der Predigenden wird zum Schlüssel, ihre Haltung zum homiletischen Konzept. Ich nenne es, in Anlehnung an die »essayistische Existenz« die »Predigende Existenz«.

---

273 Vgl. Watzlawick 1976.

Die Entscheidung für diese Existenz ist mehr als ein »*Ich möchte*«, das auch einmal ein »*Ich möchte gerade nicht*« sein kann. Es ist auch mehr als die selbstverständliche Tatsache, dass jede Rede mit dem und der verbunden ist, der und die redet. Es geht hier um eine grundsätzliche Entscheidung zu einer Haltung der Beobachtung und Wahrnehmung. Die »Predigende Existenz« stellt sich im Entstehungsprozess der Predigt sich selbst, ihren Abgründen, ihrem Begehren, ihrer Lust, ihrer Begeisterung und ihrer Erschütterung, ihrer Ratlosigkeit und ihrer Irritation angesichts eines Bibeltextes, angesichts der Welt, angesichts der Mitmenschen und der eigenen Person. Die Predigt entsteht in diesem Wahrnehmungsprozess und ist deshalb – muss es immer sein – eine Expedition ins Ungewisse.

Die Wahrnehmungen der Predigenden laden die Hörenden zur eigenen Wahrnehmung ein, und diese kann ganz anders sein als die der Predigenden. Die Aufforderung Jesu im Gleichnis vom barmherzigen Samariter »So geh hin und tu desgleichen« (Lk 10,37) ist nur auf den ersten Blick eine direktive Handlungsanweisung. Es ist der Pharisäer, der entscheidet, was für ihn stimmig und richtig ist. Jesus fordert ihn auf, das zu tun, was er selbst anhand des Gleichnisses erkannt hat.

Der Essay ist eine dialogische Form, die die Erfahrungen der Autorin bzw. des Autors in Bezug zur Umwelt setzt. Es kommt zu Wechselwirkungen, deren Dynamik und Ergebnis nicht vorhersagbar und berechenbar sind. Die essayistische Predigt vergleicht ihre Wahrnehmungen mit biblischen Bildern, mit der aktuellen politischen Gegenwart, mit der Situation in Kirche und Gemeinde, mit Literatur und Kunst und lädt die Hörenden ein, dies aufzunehmen oder abzulehnen, auf Stimmigkeit hin zu prüfen und selbst zu ergänzen.

Die Predigenden müssen es aushalten, dass die Wahrnehmungen aller Hörenden gleichberechtigt sind. Schon dies ist ein Aushalten, ein Sich-Hingeben, eine Einladung. Damit die Einladung ankommt, müssen die Predigenden ihre Wahrnehmungen so formulieren, dass die Hörenden sie auch verstehen können. Deshalb sind die neurowissenschaftlichen Beobachtungen so wichtig! Neurowissenschaftliche Erkenntnisse helfen, nach Bildern zu suchen, die emotional verknüpft werden können, und auf Themen zu achten, die Menschen faszinieren. Die Predigenden vermitteln diese Bilder und Wahrnehmungen in einer präzisen Sprache, die auf den Punkt kommt. Das geht nur, wenn die »Predigende Existenz« sich von ihren Wahrnehmungen selbst ins Herz treffen lässt.

Für eine »Predigende Existenz« müssen sich Predigende bewusst entscheiden. Sie ist riskant. Diese Existenz kann sich nicht hinter Inszenierungen und Performances, nicht hinter theologischen oder sprachlichen Formen verstecken. Sie kann sich auch nicht hinter Argumentationen und rhetorische Geschliffenheit zurückziehen. Die »Predigende Existenz« setzt sich aus, weil sie das Ergebnis nicht kennt. Sie bleibt offen für die Wirklichkeit Gottes und der Menschen. Sie kann sich noch nicht einmal hinter sichere Mauern ihrer eigenen Persönlichkeit flüchten. Denn die Neurowissenschaften bestätigen, dass Biografie erst in der Kommunikation mit anderen Menschen entsteht. Niemand existiert als Einzelwesen.

Die »Predigende Existenz« dagegen weiß, dass sie nicht allein auf der Welt ist. Deshalb ist sie aktuell, wache Zeitgenossin, Anwältin derer, die sonst in der Gesellschaft keine Stimme haben. Insofern hat die »Predigende Existenz« auch eine prophetische Stimme.

Sie setzt sich dem aus, was sie besticht, erregt, überwältigt. Das kann beglückend sein, aber auch schmerzhaft. Das Ergebnis dieser Wahrnehmung wird dann allerdings gewiss nicht beliebig aneinandergereiht in einer irgend gearteten willkürlichen Struktur, sondern gegliedert, in einer textlichen Architektur geformt präsentiert. So wie ein Essay geformte Spontaneität ist, sollte die Predigt Spontaneität in textlicher Architektur sein.

Die »Predigende Existenz« überlässt das, was sie in der Predigt zeigt, nicht den Hörenden in dem Sinn, dass sie ihnen ein Kunstwerk hinstellt, das diese nun entweder verstehen oder eben auch nicht verstehen können. Sie teilt vielmehr mit den Hörenden ihre Ergriffenheit und Bewegung. Das ist etwas sehr Persönliches, macht angreifbar. Insofern müssen Predigende, die sich für eine »Predigende Existenz« entscheiden, mutig sein. Sie bringen sich selbst ins Spiel und setzen sich damit aufs Spiel.

Allerdings scheint mir die »Predigende Existenz« in ihrer Unsicherheit, in dem Ausgeliefertsein, ihrem Ausgespanntsein zwischen Welt, Himmel, eigener Existenz und Nächstem eine der Nachfolge

Das Konzept – die »Predigende Existenz«

Jesu Christi sehr angemessene Haltung zu sein. Sie stellt ihre eigene Existenz in den Dienst Gottes und der Menschen. Das ist Demut im (ursprünglichen) Sinne von »Mut zum Dienen« (Siegbert Warwitz).

In der Nachfolge des Inkarnierten wird die Leiblichkeit der Botschaft wichtig. Der ewige Logos wird Fleisch, wird sterblich, ein den Unsicherheiten menschlicher Existenz ausgelieferter Mensch. Die Inkarnation ist kein Gottwerdungsprogramm (das mittels Therapie lauter »reife Persönlichkeiten« hervorbringt), sondern ein Menschwerdungsprozess, der das Menschsein ernst nimmt mit seinen Unsicherheiten und Risiken, den Geschenken des Augenblicks, seiner Bedürftigkeit, auch der Krankheit und dem Tod. In der Begrenzung der Kurzen Form spiegelt sich die Endlichkeit wider – und die Bereitschaft dazu, diese Endlichkeit zu gestalten, wissend, dass es ein *Mehr* gibt. Das ist zugleich das »Surplus an Erfahrung«, das in der essayistischen Predigt aufleuchtet, eine Spannungslage zwischen Denken und Form.

Wenn sich dies ereignet, geschieht: Überraschung. Menschen kommen ins Staunen. Staunen bedeutet Unterbrechung des Laufs der Welt, wie sie nun mal ist, bedeutet Infragestellung von Gewohntem. Die Predigt Jesu spiegelt das wider, und sie ist als Kurze Form der Predigt Paradigma für die Kurze Form, Jesu Haltung Paradigma der »Predigenden Existenz«.

So ist die »Predigende Existenz« in der Nachfolge Christi ein Grenzgängertum: an der Grenze, am Übergang, wo es durchlässig wird für das Göttliche im Menschlichen und das Menschliche im Göttlichen. Das ist aufregend, berührend, bewegend und: spannend!

Literatur

Ackermann, Hermann/Hertrich, Ingo/Grodd, Wolfgang/Wildgruber, Dirk, »Das Hören von Gefühlen«: Funktionell-neuro-anatomische Grundlagen der Verarbeitung affektiver Prosodie, Akt Neurol 2004, 31: 449–460.

Ahlers, Christoph Joseph, Wir wissen inzwischen wirklich alles über Sex? Großer Irrtum. Gespräch mit einem Sexualtherapeuten, ZEITMAGAZIN 18, 25.0 4.2013, 22–32.

Ariely, Dan/Berns, Gregory S., Neuromarketing: the hope and hype of neuroimaging in business, Nature Reviews/Neuroscience Volume 11, April 2010, 284–292.

Asendorpf, Jens B., Psychologie der Persönlichkeit, Berlin [4]2007.

Bakewell, Sarah, Wie soll ich leben? Oder das Leben Montaignes in einer Frage und zwanzig Antworten, München 2012.

Balz, Horst/Schneider, Gerhard (Hg.), Exegetisches Wörterbuch zum Neuen Testament, Stuttgart [2]1992.

Barthes, Roland, Die helle Kammer. Bemerkungen zur Photographie, Frankfurt 1989.

Barthes, Roland, Am Nullpunkt der Literatur. Frankfurt am Main 2006, 9–69.

Barthes, Roland, Fragmente einer Sprache der Liebe, Frankfurt [15]2012.

Beck, Stefan, Embodiment and Emplacement of Cognition – praxistheoretische Perspektiven, in: Thiemo Breyer/Gregor Etzelmüller/Thomas Fuchs/Grit Schwarzkopf (Hg.), Interdisziplinäre Anthropologie. Leib – Geist – Kultur, Heidelberg 2013, 195–231.

Benjamin, Walter, Einbahnstraße, Frankfurt 1955.

Beutel, Albrecht, Art. Predigt. A. Definition, in: Gert Ueding (Hg.), Historisches Wörterbuch der Rhetorik, Tübingen 1994, 45–51.

Beyer, Franz-Heinrich, Geheiligte Räume. Theologie, Geschichte und Symbolik des Kirchengebäudes, Darmstadt 2008.

Bieler, Andrea, Das bewegte Wort. Auf dem Weg zu einer performativen Homiletik, Pth 95, 2006, 268–283.

Bieler, Andrea/Gutmann, Hans-Martin, Rechtfertigung der »Überflüssigen«. Die Aufgabe der Predigt heute, Gütersloh 2008.

Borst, Alexander/Grothe, Benedikt, Die Welt im Kopf, in: Tobias Bonhoeffer/Peter Gruss (Hg.), Zukunft Gehirn, München 2011, 37–58.

Bovon, François, Das Evangelium nach Lukas, EKK III/3, Zürich/Düsseldorf/Neukirchen/Vluyn 2001.

Cerqueira, C.T./Almeida, J.R.F./Gorenstein, C./Gentil, V./Leite, J C.C./Sato, R./Amaro Jr, E./Busatto, G.F., Engagement of multifocal neural circuits during recall of autobiographical happy events, Brazilian Journal of Medical und Biological Research 41, 2008, 1076–1085.

Darley, John M./Batson, C. Daniel, From Jerusalem to Jericho: A study of situational and dispositional variables in helping behavior, Journal of Personality and Social Psychology 27, 1973, No J, 100–108.

Dormeyer, Detlev, Mut zur Selbst-Entlastung (Von der selbständig wachsenden Saat), in: Ruben Zimmermann (Hg.), Kompendium der Gleichnisse Jesu, Gütersloh 2007, 318–326.

dpa, Zum Geldausgeben verführt. Marketing – Ob Düfte, Farben oder Geräusche – beim Einkaufen werden alle Sinne angesprochen. In: Allgemeine Zeitung Mainz, 18.4.2013, 26.

Draguhn, Andreas, Swinging in the Brain, 2004, http://www.uni-heidelberg.de/presse/ruca/ruca04–03/s18swing.html. Zugriff 2.5.2019.

Draguhn, Andreas, Erklärungsansprüche und Wirklichkeit der Hirnforschung. Auszug aus dem Jahresbericht »Marsilius-Kolleg 2010/2011«, Heidelberg 2011, http://www.marsilius-kolleg.uni-heidelberg.de/md/einrichtungen/mk/publikationen/12_erklaerungsansprueche_und_wirklichkeit_der_hirnforschung.pdf. Zugriff 2.5.2019.

Draguhn, Andreas, Angriff auf das Menschenbild? Erklärungsansprüche und Wirklichkeit der Hirnforschung, in: Markus Hilgert/Michael Wink (Hg.), Menschenbilder. Darstellung des Humanen in der Wissenschaft, Berlin, Heidelberg 2012, 261–277.

Draguhn, Andreas, Animal rationale? Das Gehirn als Geist-Organ, in: Thiemo Breyer/Gregor Etzelmüller/Thomas Fuchs/Grit Schwarzkopf (Hg.), Interdisziplinäre Anthropologie. Leib – Geist – Kultur, Heidelberg 2013a, 87–106.

Draguhn, Andreas, Das Geheimnis der Mittleren Ebene, Spektrum der Wissenschaft. Gehirn und Geist Dossier, 1, 2013b, 28.

Draguhn, Andreas, Das Verhältnis von Emotion und Kognition aus Sicht der Hirnforschung, in: Siegried Höfling/Felix Tretter (Hg.), Homo Neurobiologicus. Ist der Mensch nur sein Gehirn? München 2013c, 51–57.

Drechsel, Wolfgang, Lebensgeschichte und Lebens-Geschichten, Gütersloh 2002.

Dutzmann, Martin, Gleichniserzählungen Jesu als Texte evangelischer Predigt, Göttingen 1990.

Eckoldt, Matthias, Kann das Gehirn das Gehirn verstehen? Gespräche über Hirnforschung und die Grenzen unserer Erkenntnis, Heidelberg 2013.

Eibach, Ulrich, »Gott« nur ein »Hirngespinst«?, Zur Neurobiologie religiösen Erlebens, EZW-Texte 172, 2003.

Elger, Christian E. et al., Das Manifest. Was wissen und können Hirnforscher heute? Spektrum der Wissenschaft, o. J. http://www.spektrum.de/alias/psychologie-hirnforschung/das-manifest/852357. Zugriff 2.5.2019.

Fechtner, Kristian, Kirche von Fall zu Fall. Kasualpraxis in der Gegenwart – eine Orientierung, Gütersloh 2003.

Fechtner, Kristian, Kirche von Fall zu Fall. Kasualien wahrnehmen und gestalten, Gütersloh ²2011.

Fechtner, Kristian/Mulia, Christian (Hg.), Henning Luther. Impulse für eine Praktische Theologie der Spätmoderne, Stuttgart 2013.

Fendt, Leonhard, Homiletik, Berlin ²1970.

Fisseni, Hermann-Josef, Lehrbuch der psychologischen Diagnostik: mit Hinweisen zur Intervention, Göttingen ³2004.

Frevert, Ute/Singer, Tania, Empathie und ihre Blockaden, in: Tobias Bonhoeffer/Peter Gruss (Hg.), Zukunft Gehirn, München 2011, 138–142.

Friedell, Egon, Kulturgeschichte der Neuzeit, Bern ²1967.

Friederici, Angela D., Der Lauscher im Kopf, Gehirn und Geist 2, 2003, 43–45.

Friederici, Angela D., Den Bär schubst der Tiger. In: Tobias Bonhoeffer/Peter Gruss, Zukunft Gehirn, München 2011, 106–120.

Fuchs, Gotthard, Humor und Glaube (II), SWR 2 – Wort zum Tag 13.2.2013. kirche-im-swr.de/?page=manuskripte&sendung=5&archiv&w=2013-02-10. Zugriff 2.5.2019.

Fuchs, Thomas, Das Gedächtnis des Leibes, Loccumer Pelikan 3, 2012, 103–106.

Fuchs, Thomas, Verkörperung, Sozialität und Kultur, in: Thiemo Breyer/Gregor Etzelmüller/Thomas Fuchs/Grit Schwarzkopf (Hg.), Interdisziplinäre Anthropologie. Leib – Geist – Kultur, Heidelberg 2013, 11–33.

Fuchs, Thomas (Projektsprecher), Menschenbild und Neurowissenschaften. Interdisziplinäres Forum für Biomedizin und Kulturwissenschaften, o. J., http://www.uni-heidelberg.de/fakultaeten/interdisziplinaer/ifbk/Mb_u_Mw.html, Zugriff 2.5.2019.

Fuchs, Thomas, Neuromythologien. Mutmaßungen über die Bewegkräfte der Hirnforschung, o. J., http://www.klinikum.uni-heidelberg.de/fileadmin/zpm/psychatrie/fuchs/Neuromythologien_01.pdf, Zugriff 2.5.2019.

Fuchs, Thomas, Leibgedächtnis und Unbewusstes. Zur Phänomenologie der Selbstverborgenheit des Subjekts, in: Methode und Subjektivität. Psycho-logik 3, o. J., http://www.klinikum.uni-heidelberg.de/fileadmin/zpm/psychatrie/fuchs/Leibged-Ubw_01.pdf. Zugriff 2.5.2019.

Gall, Sieghard/Schwier, Helmut, Predigt hören im konfessionellen Vergleich, Berlin 2013.

Gnilka, Joachim, Das Evangelium nach Markus, EKK II/1, Zürich/Einsiedeln/Köln/Neukirchen-Vluyn 1978.

Götz, Klaus/Häfner, Peter, Didaktische Organisation von Lehr und Lernprozessen, Augsburg ⁸2010.

Gräb, Wilhelm, Predigt als Mitteilung des Glaubens. Studien zu einer prinzipiellen Homiletik in praktischer Absicht, Gütersloh 1988.

Gräb, Wilhelm, Lebensgeschichten – Lebensentwürfe – Sinndeutungen: eine praktische Theologie gelebter Religion, Gütersloh 1998.

Gräb, Wilhelm, Predigtlehre. Über religiöse Rede, Göttingen 2013.

Greeven, Heinrich, Art. ζητέω, ζήτησις, ἐκζητέω, ἐπιζητέω, in: Gerhard Friedrich (Hg.), begründet von Gerhard Kittel, Theologisches Wörterbuch zum Neuen Testament, Stuttgart 1959, 894–896.

Grethlein, Christian, Grundinformation Kasualien, Göttingen 2007.

Grethlein, Christian/Schwier, Helmut (Hg.), Praktische Theologie. Eine Theorie- und Problemgeschichte, Leipzig 2007.

Grimm, Jacob/Grimm,Wilhelm, Deutsches Wörterbuch Bd 2.

Grözinger, Albrecht, Praktische Theologie als Kunst der Wahrnehmung, Gütersloh 1995.

Grözinger, Albrecht, Toleranz und Leidenschaft. Über das Predigen in einer pluralistischen Gesellschaft, Gütersloh 2004.

Grözinger, Albrecht, Homiletik, Gütersloh 2008.

Gutmann, Hans-Martin, Mit den Toten leben – eine evangelische Perspektive, Hamburg ²2011.

Gyseler, Dominik, Problemfall Neuropädagogik, Zeitschrift für Pädagogik 52, 2006/4, 555–570.

Häfner, Gerd, Erosion des Urgesteins? Zu Überlieferung und Auslegung der Gleichnisse Jesu, in: Ulrich Busse (Hg.), Erinnerung an Jesus, Bonner biblische Beiträge 166, Bonn 2011, 195.

Härle, Wilfried, Hirnforschung und Predigtarbeit. Beobachtungen, Überlegungen und praktische Konsequenzen, in: PrTh 47/2(2012), 117.

Hasebrink, Burkhard/Schiewer, Hans Jochen, Art. Predigt, in: Georg Braungart/Harald Fricke/Klaus Grubmüller/Jan-Dirk Müller/Friedrich Vollhardt/Klaus Weimar (Hg.), Reallexikon der deutschen Literaturwissenschaft, Berlin/New York 2007, Bd. 3, 151–156.

Hubel, Torsten N./Wiesel, David H., Receptive fields of single neurons in the cat's striate cortex. In: Journal of Physiology 148 (1959), 574–591.

Huber, Wolfgang, Predigt im ZDF-Fernsehgottesdienst in der Gethsemanekirche in Berlin, Markus 14, 32–41a, 4.10.2009. http://www.ekd.de/glauben/feste/erntedank/predigten/091004_huber_berlin.html. Zugriff 2.5.2019.

Huizing, Klaas, Ästhetische Identität. Konstruktivistische und dekonstruktivistische Anfragen an eine Ästhetische Theologie, in: Andreas Klein/Ulrich H.J. Körtner (Hg.), Die Wirklichkeit als Interpretationskonstrukt, Neukirchen 2011, 165–183.

Illing, Robert-Benjamin, Seelenintuition, Freiheitsintuition und Gehirnforschung, in: Wolfgang Achtner/Hermann Düringer/Hubert Meisinger/Wolf-Rüdiger Schmidt (Hg.), Gott – Geist – Gehirn. Religiöse Erfahrungen im Lichte der neuesten Hirnforschung, Frankfurt 2005, 15–47.

Immordino-Yang, Mary Helen/McColl, Andrea/Damasio, Hanna/Damasio, Antonio, Neural correlates of admiration and compassion, PNAS 12, 2009, vol. 106, no. 19, 8021–8026.

Kiefer, Falk/Fauth-Bühler, Mira/Heinz, Andreas/Mann, Karl F., Neurobiologische Grundlagen der Verhaltenssüchte, Nervenarzt 5, 2013, 557–562.

Kluge, Friedrich, Etymologisches Wörterbuch der deutschen Sprache, Berlin ¹⁷1957.

Korte, Martin/Bonhoeffer, Tobias, Wie wir uns erinnern, in: Tobias Bonhoeffer/Peter Gruss (Hg.), Zukunft Gehirn, München 2011, 59–82.

Küng, Hans/Rinn-Maurer, Angela, Weltethos. Christlich verstanden, Freiburg 2005.

Kuhn, Johannes (Hg.), bilder helfen hören. Gleichnisworte der Bibel, Stuttgart 1973.

Kupferschmidt, Kai, Sucht – Motivation zu schlechten Zielen, 2011. http://dasgehirn.info/denken/motivation/sucht-2013-motivation-zu-schlechten-zielen, 1–4. Zugriff 2.5.2019.

Kurschus, Annette, »Der Weihnachtsmoment – Wenn aus Furcht Vertrauen wird«, Evangelische Christvesper aus Haus Kemnade, Hattingen, Evangelische Kirche im WDR. Sendedatum: 24. Dezember 2018. https://www.kirche-im-wdr.de/uploads/tx_krrprogram/45489_Christvesper2018Predigtdocx.pdf. Zugriff 20.8.2019.

Lampe, Peter, Felsen im Fluss, Neukirchen-Vluyn 2004.

Lampe, Peter, Wortglassplitter, Oberhausen 2005.

Lampe, Peter, Die Wirklichkeit als Bild, Neukirchen-Vluyn 2006.

Lange, Michael, Heikles Forschungsgebiet. US-Forscher untersuchen Gehirnaktivität am Anblick unterschiedlicher Rassen. Deutschlandfunk, 2005. http://www.deutschlandfunk.de/heikles-forschungsgebiet.676.de.html?dram:article_id=22434. Zugriff 2.5.2019.

von La Roche, Walther/Buchholz, Axel (Hg.), Radio-Journalismus. Ein Handbuch für die Ausbildung und Praxis im Hörfunk, Berlin ⁹2009.

Larsson, Edvin, Art. Ζητέω, in: Horst Balz/Gerhard Schneider (Hg.), Exegetisches Wörterbuch zum Neuen Testament, Stuttgart ²1992, 253–256.

Leiberg, Susanne/Singer, Tania, belohnungslernen II. http://www.socialbehavior.uzh.ch/teaching/NeurooekonomieHS09/VL_6_Belohnungslernen_II_update.pdf. Zugriff 25.12.2014, 14.

Lohfink, Norbert, Zum »kleinen geschichtlichen Credo« Dtn 26,5–9, ThPh 46, 1971, 19–39.

Loughead, James W./Luborsky, Lester/Weingarten, Carol P./Krause, Elizabeth D./German, Ramaris E./Kirk, Daniel/Gur, Ruben C., Brain activation during autobiographical relationship episode narratives: A core conflictual relationship theme approach, Psychotherapy Research, May 2010; 20 (3), 321–336.

Luther, Henning, Leben als Fragment. Der Mythos von der Ganzheit, WzM 43, 1991, 262–273.

Luther, Henning, Religion und Alltag, Stuttgart 1992.

Luther, Martin, de servo arbitrio, WA 18, 600–787.

Luther, Martin, WA 30/II, 637, 19–22.

Luz, Ulrich, Das Evangelium nach Matthäus, EKK I/2, Zürich und Braunschweig 1990.

Magin, Charlotte/Schwier, Helmut, Kanzel, Kreuz und Kamera. Impulse für Gottesdienst und Predigt, Leipzig 2005.

Magin, Charlotte/Schwier, Helmut, Der Schrei nach Versöhnung, in: Kristian Fechtner/Thomas Klie (Hg.), Riskante Liturgien – Gottesdienste in der gesellschaftlichen Öffentlichkeit, Stuttgart 2011, 59–66.

Mar, Raymond A., The Neural Bases of Social Cognition and Story Comprehension, Annu.Rev. Psychol. 2011.62, 103–134.

Markowitsch, Hans J./Welzer, Harald, Das autobiographische Gedächtnis, Stuttgart 2005, 68.

Mertens, Volker, Predigt oder Traktat? Thesen zur Textdynamik mittelhochdeutscher geistlicher Prosa. In: Jahrbuch für Internationale Germanistik, Jahrgang XXIV, Heft 2, 1992.

Mey, Jörg, Neurowissenschaftliche Untersuchungen religiöser Erfahrungen, in: Georg Souvinier/Ulrich Lüke/Jürgen Schnakenberg/Hubert Meisinger (Hg.), Gottesbilder an der Grenze zwischen Naturwissenschaft und Theologie, Darmstadt 2009, 161–179.

Müller, Peter, Die Freude des Findens (Vom Schatz im Acker und von der Perle), in: Ruben Zimmermann (Hg.), Kompendium der Gleichnisse Jesu, Gütersloh 2007, 420–428.

Müller-Kracht, Stephan, Qualität und Quote. In: DtPfrBl 4, 2013, 232–235.

Nagorni, Klaus, Was am Ende bleibt, SWR 2 – Wort zum Tag, 19.7.2007. http://www.kirche-im-swr.de/?page=manuskripte&sendung=5&archiv&w=2007-07-19. Zugriff 2.5.2019.

Nietzsche, Friedrich, Nietzsche's Werke, Erste Abtheilung Band IV, Morgenröthe, Leipzig 1920.

Oberlinner, Lorenz, Die Verwirklichung des Reiches Gottes – Entwicklungslinien beim Gleichnis von der selbstwachsenden Saat Mk 4, 26–29, in: Ulrich Busse/Michael Reichardt/Michael Theobald (Hg.), Erinnerung an Jesus. Kontinuität und Diskontinuität in der neutestamentlichen Überlieferung, Bonner biblische Beiträge 166, Göttingen 2011, 197–214.

Ostmeyer, Karl-Heinrich, Dabeisein ist alles (Der verlorene Sohn), in: Ruben Zimmermann (Hg.), Kompendium der Gleichnisse Jesu, Gütersloh 2007, 618–633.

Ostmeyer, Karl-Heinrich, Gleichnisse – Quelle des Verständnisses der Umwelt Jesu? Umwelt – Quelle des Verständnisses der Gleichnisse Jesu?, in: Ruben Zimmermann (Hg.), Hermeneutik der Gleichnisse Jesu, Tübingen 2008, 122–137.

Peres, Julio F.P./Foerster, Bernd/Santana, Leandro G./Domingues Fereira, Mauricio/Nasello, Antonia G./Savoia, Mariangela/Moreira-Almeida, Alexander/Ledermann, Henrique, Police officers under attack: Resilience implications of an fMRI study, Journal of Psychiatric Research 45, 2011, 727–734.

Probst, Rudolf/Grevers, Gerhard/Iro, Heinrich, Hals-Nasen-Ohren-Heilkunde, Stuttgart/New York 2000.

von Rad, Gerhard, Gesammelte Studien zum Alten Testament, München 1973, 153–164.

Raschzok, Klaus, Kirchenbau und Kirchenraum, in: Hans-Christoph Schmidt-Lauber/Michael Meyer-Blanck/Karl-Heinrich Bieritz (Hg.), Handbuch der Liturgik, Göttingen ³2003, 391–412.

Raschzok, Klaus, Grundformen der Angst, München 40/2011.

Rinn, Angela, Ein verrückter Sämann, SWR 2 – Wort zum Tag, 23.3.2009. http://www.kirche-im-swr.de/?page=manuskripte&sendung=5&archiv&w=2009-03-23. Zugriff 2.5.2019.

Rinn, Angela, Deutsche Einheit. Die Gedenkstätte Bernauer Straße in Berlin ist eine Stätte der Erinnerung und der Hoffnung, SWR 2 – Wort zum Feiertag 3.10.2011.

Rinn, Angela, Leiblichkeit. Der Advent singt in sinnlichen Liedern von der Ankunft des Gotteskindes, SWR 2 – Wort zum Tag, 9.12.2013.

Rinn, Angela, Schatzsucher am Strand. An der Leidenschaft erkenne ich das Gottesreich, SWR 2 – Wort zum Tag 19.9.2013. http://www.kirche-im-swr.de/?page=manuskripte&sendung=5&archiv&w=2013-09-19. Zugriff 2.5.2019.

Rinn, Angela, Spannend, sexy, aktuell?, in: Ulrich Nembach (Hg.), Internetpredigten. Zur Sprache der Predigt in der globalisierten Welt, Frankfurt/M. 2013, 129–146.

Rinn, Angela, Ethisch predigen. Anregungen aus Neurowissenschaft und Literaturtheorie, in: Helmut Schwier (Hg.), Ethische und politische Predigt. Beiträge zu einer homiletischen Herausforderung, Leipzig 2015, 143–158.

Rinn-Maurer, Angela, SWR 2 – Wort zum Tag 23.6.2003 – ohne Titel. http://www.kirche-im-swr.de/?page=manuskripte&sendung=5&archiv&w=2003-03-23. Zugriff 2.5.2019.

Rinn-Maurer, Angela, SWR 2 – Wort zum Sonntag 22.10.2006 – ohne Titel.

Rödszus-Hecker, Marita, Komm – hilf! SWR 2 – Wort zum Tag, 10.1.2013. http://www.kirche-im-swr.de/?page=manuskripte&sendung=5&archiv&w=2013-01-06. Zugriff 2.5.2019.

Roth, Gerhard, Wie funktioniert mein Gedächtnis und wie kann ich es verbessern? Rede anlässlich der zentralen Immatrikulationsfeier an der Freien Universität Berlin im WS 2002/2003, 16. Oktober 2002. http://www.fu-berlin.de/sites/immafeier/roth/roth_0203.html. Zugriff 2.5.2019.

Roth, Gerhard, Wie bringt man das Gehirn der Schüler zum Lernen?, 2006. https://www.hausderwissenschaft.de/Binaries/Binary274/Roth-Lehren-und-Lernen.pdf. Zugriff 2.5.2019.

Roth, Gerhard, Neuronen in der Schule. Wie das Gehirn lernt. SWR 2 Aula vom 19.7.2011. http://www.swr.de/-/id=8002092/property=download/nid=660374/1fc642e/swr2-wissen-20110619.pdf. Zugriff 2.5.2019.

Roth, Gerhard/Prinz, Wolfgang (Hg.), Kopf-Arbeit, Gehirnfunktionen und kognitive Leistungen, Heidelberg/Berlin/Oxford 1996.

Salimpoor, Valorie N./Benovoy, Mitchel/Larcher, Kevin/Dagher, Alain/Zatorre, Robert J., Anatomically distinct dopamine release during anticipation and experience of peak emotion to music, Nature Neuroscience, Volume 14, Number 2 February 2011, 257–259.

Schärf, Christian, Geschichte des Essays. Von Montaigne bis Adorno, Göttingen 1999.

Schjoedt, Uffe/Stødkilde-Jørgensen, Hans/Geertz, Armin W./Lund, Torben E./Roepstorff, Andreas, Rewarding prayers, Neuroscience Letters 443, 2008, 165–168.

Schjoedt, Uffe/Stødkilde-Jørgensen, Hans/Geertz, Armin W./Lund, Torben E./Roepstorff, Andreas, The power of charisma – perceived charisma inhibits the frontal executive network of believers in intercessory prayer, SCAN 2011, 6, 19–27.

Schmidt, Gunther, Milton-Erickson-Institut Heidelberg. Navigieren im Nebel der Unklarheit und dabei geborgen im Ungewissen – Strategien des polynesischen Segelns u. von Effectuation: Kompetenz aktivierendes hypnosystemisches Coaching für Krisenmanagement. http://www.dbvc.de/fileadmin/user_upload/dokumente/ck_2012_praesentation_referenten/pr%E4sentation%20dr.%20gunther%20schmidt.pdf. Zugriff 6.12.2014.

Schmidt, Karl Ludwig, Art. kollaw, proskollaw, in: Gerhard Friedrich (Hg.), begründet von Gerhard Kittel, Theologisches Wörterbuch zum Neuen Testament, Stuttgart 1959, 822–823.

Schmoll, Gerd, Wozu ist das Christentum gut? SWR 2 – Wort zum Tag 18.10.2010. http://www.kirche-im-swr.de/?page=manuskripte&sendung=5&archiv&w=2010-10-17. Zugriff 2.5.2019.

Schottroff, Luise, Die Gleichnisse Jesu, Gütersloh ²2007.

Schottroff, Luise, Sozialgeschichtliche Gleichnisauslegung, in: Ruben Zimmermann (Hg.), Hermeneutik der Gleichnisse Jesu, Tübingen 2008, 138–149.

Schultz, Wolfram, Wie sich Neuronen entscheiden. Über Belohnung, in: Tobias Bonhoeffer/Peter Gruss (Hg.), Zukunft Gehirn, München 2011. 83–105.

Schultz, Wolfram/Dayan, Peter/Montague, P., Read A Neural Substrate of Prediction and Reward, SCIENCE 275, 1997, 1593–1599.

Schulz, Claudia, Zwischen den Stühlen aller Milieus: Diakonische Werke und Träger im Dickicht der Ansprüche und Erwartungen. In: Claudia Schulz/Eberhard Hauschild/Eike Köhler (Hg.), Milieus praktisch II: Konkretionen für helfendes Handeln in Kirche und Diakonie, Göttingen 2010, 283–299.

Schwier, Helmut, Herausforderungen zur Qualitätsentwicklung von Gottesdiensten. Anfragen und Thesen aus dem Bereich der wissenschaftlichen Praktischen Theologie, in: »Von anderen lernen«. Dokumentation des Workshops »Qualitätsentwicklung von Gottesdiensten«, epd-Dokumentation Nr. 18 (2008), 7–10.

Schwier, Helmut, Was ist eine gute Predigt? Bemerkungen zur Notwendigkeit homiletischer Aus- und Fortbildung als Bestandteil theologischer Bildung, in: Manfred Oeming/Walter Boes (Hg.), Alttestamentliche Wissenschaft und kirchliche Praxis, FS Jürgen Kegler, Beiträge zum Verstehen der Bibel Bd. 18, Berlin 2009, 135–144.

Schwier, Helmut, Im Dialog mit der Bibel. Gerd Theißens Impulse für Theorie und Praxis der Predigt, in: Peter Lampe/Helmut Schwier (Hg.), Neutestamentliche Grenzgänge. Symposium zur kritischen Rezeption der Arbeiten Gerd Theißens, NTOA 75, Göttingen 2010a, 186–201.

Schwier, Helmut, Zur Sache der Texte. Bibel, Predigt und Hermeneutik aus exegetischer Sicht, in: Alexander Deeg/Martin Nicol (Hg.), Bibelwort und Kanzelsprache. Homiletik und Hermeneutik im Dialog. Leipzig 2010b, 11–29.

Schwier, Helmut, Der evangelische Sonntagsgottesdienst, LJ 60, 2010c, 126–131.

Schwier, Helmut, Plädoyer für Gott in biblischer Vielfalt. Hermeneutische und homiletische Überlegungen zum Inhalt der Predigt, in: Hanns Kerner (Hg.), Predigt konkret. Grundlinien homiletischer Ansätze, Leipzig 2011, 139–151.

Schwier, Helmut, Von Gott reden – die Menschen ansprechen, in: Lars Charbonnier/Konrad Merzyn/Peter Meyer (Hg.), Homiletik. Aktuelle Konzepte und ihre Umsetzung, Göttingen 2012a, 50–67.

Schwier, Helmut, Gott wagen. Praktisch-theologische Perspektiven zum Gespräch der theologischen Disziplinen, in: Paul Metzger (Hg.), Die Konfession Jesu, BenshH 112, Göttingen 2012b, 83–93.

Schwier, Helmut, Als Ausleger der Propheten predigen. Homiletische Anmerkungen zu Hans Walter Wolffs Predigten. In: Jan Christian Gertz/Manfred Oeming (Hg.), Neu aufbrechen, den Menschen zu suchen und zu erkennen. Symposium anlässlich des 100. Geburtstages von Hans Walter Wolff, Neukirchen-Vluyn 2013, 113–128.

Schwier, Helmut/Sieghard Gall, Predigt Hören. Befunde und Ergebnisse der Heidelberger Umfrage zur Predigtrezeption, Berlin 2008.
Seidel, Katharina, Moderne Gleichnisse, Stuttgart 1994.
Siegel, Helmut, Lernen von den Schriftstellern? Zum Verhältnis von Literatur und Homiletik, Pth 71 (1982) 459–475.
Singer, Tania, »Wir müssen mehr fühlen«, DIE ZEIT 23, 29.5.2013, 30.
Theißen, Gerd, Der Bauer und die von selbst Frucht bringende Erde. Naiver Synergismus in Mk 4, 26–29?, ZNW 85 (1994), 167–182.
Theißen, Gerd, Predigen in Bildern und Gleichnissen. Metapher, Symbol und Mythos als Poesie des Heiligen, in: Evangelische Theologie 66 (2006), 341–356.
Theißen, Gerd/Annette Merz, Der historische Jesus, Göttingen 1996.
Tretter, Felix/Kotchoubey, Boris et al., Memorandum »Reflexive Neurowissenschaft«, Psychologie Heute, 2014. http://www.psychologie-heute.de/home/lesenswert/memorandum-reflexive-neurowissenschaft. Zugriff 15.7.2014.
Tschacher, Wolfgang, Wie Embodiment zum Thema wurde, in: Maja Storch/Benita Cantieni/Gerald Hüther/Wolfgang Tschacher (Hg.), Embodiment. Die Wechselwirkung von Körper und Psyche verstehen und nutzen, Bern ²2010, 11–34.
Vaitl, Dieter/Schienle, Anne/Stark, Rudolf, Neurobiology of fear and disgust, International Journal of Psychophysiology 57, 2005, 1–4.
Waßmann, Harry, Der Stille Ort. SWR 2 – Wort zum Tag, 26.10.2013.
Watzlawick, Paul, Wie wirklich ist die Wirklichkeit? Wahn, Täuschung, Verstehen. München 1976.
Weder, Hans, Die Gleichnisse Jesu als Metaphern, Göttingen 1980.
Welker, Michael, Was ist ein »geistiger Leib«?, in: Thiemo Breyer/Gregor Etzelmüller/Thomas Fuchs/Grit Schwarzkopf (Hg.), Interdisziplinäre Anthropologie. Leib – Geist – Kultur, Heidelberg 2013, 65–83.
White, Harrison C., Identity and Control. A Structural Theory of Social Action, Princeton NJ: 1992.
White, Harrison C., Identity and Control, How Social Formations Emerge, Princeton NJ: 2/2008.
White, Harrison C./Godart, Frédéric C., Stories from Identity and Control, Sociologica 3, 2007, 1–17.
Wiefel, Wolfgang, Das Evangelium nach Lukas, THNT, Berlin 1988.
Wild, Barbara, Humor und Gehirn, Neurobiologische Aspekte, Zeitschrift für Gerontologie und Geriatrie 1, 2010, 31–35.
Wolter, Michael, Das Lukasevangelium, Tübingen 2008.
Woydack, Tobias, Der räumliche Gott. Was sind Kirchengebäude theologisch. Kirche in der Stadt Band 13, Schenefeld 2005.
Zima, Peter V., Essay/Essayismus. Zum theoretischen Potenzial des Essays: Von Montaigne bis zur Postmoderne, Würzburg 2012.
Zimmermann, Ruben (Hg.), Kompendium der Gleichnisse Jesu, Gütersloh 2007.
Zimmermann, Ruben, Berührende Liebe (Der barmherzige Samariter), in: Ruben Zimmermann (Hg.), Kompendium der Gleichnisse Jesu, Gütersloh 2007, 538–555.

Literatur

Zimmermann, Ruben (Hg.), Hermeneutik der Gleichnisse Jesu. Methodische Neuansätze zum Verstehen urchristlicher Parabeltexte, Tübingen 2008.

Zimmermann, Ruben, Im Spielraum des Verstehens, Chancen einer integrativen Gleichnishermeneutik, in: Ruben Zimmermann (Hg.), Hermeneutik der Gleichnisse Jesu. Methodische Neuansätze zum Verstehen urchristlicher Parabeltexte, Tübingen 2008, 5.

Zimmermann, Ruben, Parabeln – sonst nichts! Gattungsbestimmung jenseits der Klassifikation in »Bildwort«, »Gleichnis«, »Parabel« und »Beispielerzählung«, in: Ruben Zimmermann (Hg.), Hermeneutik der Gleichnisse Jesu. Methodische Neuansätze zum Verstehen urchristlicher Parabeltexte, Tübingen 2008, 383–419.

Personenregister

Ackermann, Hermann 77f.
Ahlers, Christoph Joseph 10
Ariely, Dan 90
Asendorpf, Jens B. 44

Bakewell, Sarah 17
Balz, Horst 104
Barthes, Roland 9, 18f., 118, 126, 129
Beck, Stefan 66ff.
Benjamin, Walter 18, 33, 129
Beutel, Albrecht 11
Bieler, Andrea 60
Borst, Alexander 36, 72ff.
Bovon, François 104,

Cerqueira, Carlos T. 55f.

Darley, John M. 62, 98
Dormeyer, Detlev 93f.
Draguhn, Andreas 34ff., 38ff., 44, 50, 67, 75, 77f., 108
Drechsel, Wolfgang 52, 54f., 78f.
Dutzmann, Martin 118

Eckoldt, Matthias 36
Elger, Christian E. 35

Fechtner, Kristian 129
Fisseni, Hermann-Josef 44
Frevert, Ute 51, 60ff.
Friedell, Egon 32
Friederici, Angela D. 53
Fuchs, Gotthard 24f.
Fuchs, Thomas 34, 36f., 56, 66f.

Gnilka, Joachim 92ff.
Götz, Klaus 44f.
Greeven, Heinrich 89

Grethlein, Christian 129
Grözinger, Albrecht 19
Gutmann, Hans-Martin 60, 129
Gyseler, Dominik 53

Häfner, Gerd 44f., 87
Handke, Peter 19ff., 70
Härle, Wilfried 92
Hoffsümmer, Willi 117
Hubel, Torsten 53
Huber, Wolfgang 13
Huizing, Klaas 86

Illing, Robert-Benjamin 52
Immordino-Yang, Mary Helen 41, 60

Kahre, Mirko-Alexander 17
Kiefer, Falk 44ff.
Kuhn, Johannes 116
Kupferschmidt, Kai 45
Kurschus, Annette 63f.

Lampe, Peter 48, 52, 74, 79
La Roche, Walther von 68, 74
Leiberg, Susanne 45
Lohfink, Norbert 70
Loughead, James W. 53
Luther, Henning 16, 125
Luther, Martin 20
Luz, Ulrich 88ff.

Markowitsch, Hans J. 45, 52, 54f., 76
Mertens, Volker 11
Mey, Jörg 34
Montaigne, Michel de 16f.
Müller-Kracht, Stephan 55
Müller, Peter 88ff.

Nagorni, Klaus 26 f.
Nietzsche, Friedrich 11, 17 f.

Oberlinner, Lorenz 92
Ostmeyer, Karl-Heinrich 92, 97 f., 103 ff.

Peres, Julio F. P. 58

Rinn, Angela 3, 28 f., 39, 112 f., 119 f., 127 f.
Rinn-Maurer, Angela 111
Rödszus-Hecker, Marita 22 ff.
Roth, Gerhard 45, 75 f., 125

Salimpoor, Valorie N. 99
Schärf, Christian 16 ff., 32, 110
Schjoedt, Uffe 39, 76
Schmidt, Karl Ludwig 31, 104
Schottroff, Luise 47, 88 f., 92 f., 101, 104

Schultz, Wolfram 43 ff., 47, 49
Schwier, Helmut 43, 49 f., 68, 70 f., 78 ff.
Seidel, Katharina 115
Siegel, Helmut 118
Singer, Tania 45, 51, 60 ff.

Theißen, Gerd 49, 57, 87, 91 ff.
Tretter, Felix 35
Tschacher, Wolfgang 37, 66

Vaitl, Dieter 60, 98

Waßmann, Harry 19 ff., 24
Watzlawick, Paul 132
Weder, Hans 86
Welker, Michael 69
Wiefel, Wolfgang 97 f.
Wild, Barbara 43, 114, 120 f.
Wolter, Michael 105
Woydack, Tobias 68